Pe Bai
Cymru'n Rhydd

Naw Gwlad Fach a Chymru

Argraffiad cyntaf: Chwefror 1989

(h) Y Lolfa 1989

Rhif Llyfr Safonol Rhyngwladol: 0 86243 176 X

Golygu: Rhiannon Ifans
Llun clawr blaen: argraffiad sgrin sidan gan Gareth Wyn Jones,
Cymdeithas Arlunwyr a Dylunwyr yng Nghymru, Adeiladau Gaskell,
Heol Collingdon, Caerdydd
Llun clawr ôl: Robat Gruffudd
Mapiau: Lynwen Lewis
Y lluniau eraill trwy garedigrwydd llysgenadaethau'r gwledydd

Argraffwyd a chyoeddwyd yng Nghymru
gan Y Lolfa Cyf., Talybont, Dyfed SY24 5HE;
Talybont (097086) 304.

PE BAI CYMRU'N RHYDD

GWYNFOR EVANS

Y Lolfa

Cyflwynir
i
bump Dafydd mawr
plaid genedlaethol Cymru

Dafydd Huws, cadeirydd
Dafydd Elis Thomas, llywydd
Dafydd Iwan, is-lywydd
Dafydd Wigley, cyn-lywydd
Dafydd Williams, ysgrifennydd

CYNNWYS

RHAGYMADRODD

Yng nghanol y ganrif ddiwethaf yr oedd potensial Cymru'n fwy na phob un o naw cenedl y gyfrol hon. Er bod iaith a llenyddiaeth wedi chwarae rhan mor ganolog yn ffyniant bywyd y rhan fwyaf ohonynt, dim ond gan Ddenmarc a Gwlad yr Iâ yr oedd llenyddiaeth genedlaethol cyn canol y bedwaredd ganrif ar bymtheg; yn yr unfed ganrif ar bymtheg, pan oedd llenyddiaeth Cymru wedi bod yn un o brif lenyddiaethau Ewrop ers mil o flynyddoedd, y cafwyd llenyddiaeth Ddanaidd am y tro cyntaf. Yn wir, yng nghanol y ganrif ddiwethaf nid oedd iaith lenyddol gan saith o'r cenhedloedd. Tlawd fu hanes cenedlaethol y naw o'i gymharu â hanes Cymru, ac nid oedd gan saith ohonynt gyfraith genedlaethol ganrif a hanner yn ôl. Prin iawn, o'i gymharu â Chymru, oedd adnoddau naturiol y naw. Nid oedd gan chwech ohonynt wladwriaeth genedlaethol yng nghanol y bedwaredd ganrif ar bymtheg, ac o'r tair arall prin y gellid galw'r Swistir nac Awstria yn genhedloedd.

Er hyn oll, lai na chan mlynedd yn ddiweddarach, erbyn dechrau'r Ail Ryfel Byd, y cwestiwn oedd nid 'Pa le y mae y naw difantais?' ond 'Ble mae'r un freintiedig?' Yr oedd pob un o'r naw bellach yn mwynhau rhyddid cenedlaethol; creodd pob un economi fwy ffyniannus na Chymru; roedd ieithoedd y chwech a feddai ar iaith genedlaethol yn gadarn ddiogel, ac yr oedd diwylliannau'r naw'n blodeuo.

Â manteision Cymru gymaint yn fwy na naw cenedl y llyfr hwn yng nghanol y ganrif ddiwethaf, dylai hi heddiw fod gyda'r Ffindir a Norwy a Denmarc yn rheng flaen cenhedloedd bach y byd. Pam y gwrthgyferbyniad trawiadol sydd rhyngddi a phob un o'r naw? Ceisia'r gyfrol hon ateb y cwestiwn trwy edrych ar eu hanes a dangos sut oeddent yn wahanol i Gymru yn ystod y ganrif a hanner ddiwethaf. Gwelir bod lle canolog yn yr ateb i nerth y cenedlaetholdeb sy'n codi o deyrngarwch i genedl. Tanlinellir gwirionedd geiriau Robin Oakley: "Dim ond yn unol â ffaith fawr cenedligrwydd a'r dyhead i'w greu y llwydda dim yn y byd modern." Sarnwyd manteision enfawr y Cymry am iddynt fethu â chodi mudiad cenedlaethol digon grymus i greu gweriniaeth Gymreig.

Anffawd Cymru yw ei safle daearyddol. Drwy'r canrifoedd bu Lloegr yn well o'n llygru ni. Ond buasai pobl o gymeriad cryfach wedi wynebu hynny fel her, a'i orchfygu; buasai cenedl wrol wedi galw ar adnoddau cenedlaetholdeb, grym moesol mwyaf y byd. Ni ddibynna'r nerth enfawr hwn ar faint cenedl. Cenedl fach wledig oedd Fietnam pan wynebai allu milwrol mwyaf y byd a'i orchfygu. Buddugoliaeth foesol cenedlaetholdeb Fietnam oedd honno. Fe ddinistriodd Lloegr hwn yn ein gwlad fach ni wrth ddistrywio ysbryd annibynnol y Cymry a'u teyrngarwch i'w cenedl. Dyna drychineb y genedl Gymreig. Yng nghanol y ganrif ddiwethaf pan oedd cenhedloedd bach yn deffro ar hyd a lled Ewrop, yn adfer eu hieithoedd gyda balchder ac yn cyrchu'n benderfynol at ryddid cenedlaethol, meddiannwyd deallusion cenedl y Cymry gan benderfyniad gwyrdroëdig i daflu eu heniaith a'u cenedligrwydd heibio ac ymsuddo yn y bywyd ymerodrol Seisnig. Gwenwynodd hyn waed y genedl; ni fwynhaodd nerth ac iechyd wedyn fel y gwelsom yn refferendwm 1979. Adroddir yr hanes yn *Gŵyl Gwalia* Hywel Teifi Edwards, llyfr sy'n hanfodol i'r sawl sydd am ddeall yr hyn a ddigwyddodd i'n cenedl.

Esgorodd y taeogrwydd Cymreig hwn, a ddeilliai o Saisaddoliaeth, ar gymhlethdod seicolegol, ofn a diffyg hyder sy'n ymylu ar fod yn batholegol. Parhaodd yn rymus yn ein cymdeithas hyd at ein dyddiau ni. Nid yw castiau gwrth-Gymreig dirmygus cynghorau Dyffryn Lliw ac

Ogwr yn ddim ond enghreifftiau eithafol o'i bresenoldeb mewn llywodraeth leol. Gwelir ei effaith ymhlith ein hieuenctid, hyd yn oed ymhlith disgyblion yr ysgolion cyfun dwyieithog rhagorol, sydd yn fynych nid yn unig yn anfodlon brwydro dros Gymru ond yn dewis mynd i brifysgolion eilradd Lloegr yn hytrach na dilyn eu cyrsiau trwy gyfrwng y Gymraeg yn Aberystwyth neu Fangor.

Wrth gwrs swyddogaeth Cymru, ym meddwl Llundain, yw helpu i gynnal nerth y wladwriaeth Brydeinig a thrwy hynny gryfhau bywyd cenedlaethol Lloegr. Cytuna gwleid-yddion Cymreig, ac eithrio'r cenedlaetholwyr, â hyn. Er mwyn iddi gyflawni ei swyddogaeth dysgwyd Cymru i ddibynnu ar Loegr ac i beidio â meddwl sefyll ar ei thraed ei hun fel cenedl. Y mae Margaret Thatcher byth a hefyd yn lladd ar *dependency culture,* ond dyna'n union y mae hi, a gwleidyddion Prydeinig o bob lliw politicaidd, yn ei feithrin yng Nghymru. Y mae Cymru'n dibynnu ar Loegr, meddant ag un llais. Ac o'i ailadrodd filiwn o weithiau fe gredodd y Cymry fod hyn yn wirionedd tragwyddol a dyfnhawyd y diffyg hyder taeogaidd a'u parlysai.

Y taeogrwydd hwn sy'n rhwystro'n pobl rhag brwydro dros eu gwlad. Nid fel hyn y bu hi bob amser yn ein hanes. Yn oes Rhys ap Gruffydd yr oedd "yr holl bobl yn barod at arfau" meddai Gerallt Gymro. "Ar amddiffyn eu gwlad a'u rhyddid" meddai, "yn unig y mae eu bryd: tros eu gwlad y brwydrant, tros ryddid y llafuriant." Wrth gwrs y mae'r Cymry o hyd yn barod i frwydro, ond nid dros eu gwlad eu hunain. Fel y canodd Alun Rees:

> Now Taffy is a fighter
> when he hears the bugle call.
> Name any war since Agincourt:
> Taffy's seen them all.
>
> He's fought in France and Germany
> and many another land:
> he's fought by sea and fought by air
> and fought on desert sand.

He's fought for many a foreign flag
in many a foreign part,
for Taffy is a Welshman,
proud of his fighting heart.

He's fought the wide world over,
he's given blood and bone.
He's fought for every bloody cause
except his bloody own.

Canlyniad mwyaf difrifol taeogrwydd y Cymry fu'r methiant i foderneiddio trefn boliticaidd ac economaidd y wlad ar sail ei chenedligrwydd. Dyna achos cyflwr adfeiliedig cenedl a ddylai fod yn arweinydd, yn labordy cymdeithasol, yn cyfrannu'n deilwng i wareiddiad Ewrop ac i'r bywyd cydwladol.

Nid yw'r dyfodol heb obaith. Ni fydd ffiniau economaidd yn gwahanu'r gwledydd yn y Gymuned Ewropeaidd cyn bo hir, a chaiff dinasyddion un wlad deithio i'r lleill heb drwydded. Dyna ganu cnul y gwladwriaethau mawr. Y maen nhw'n anachronistaidd bellach, deinosoriaid y byd gwleidyddol, er ystyfniced ymdrechion Prydain a Ffrainc yn arbennig i lynu wrth y grym a ganolir yn Llundain a Pharis. Gobaith Cymru yw gweld disodli Ewrop y Gwladwriaethau gan Ewrop y Cenhedloedd, pob un â'i chalon ei hun yn curo'n gryf. Gweithiwn dros hynny. Fel cenedl Ewropeaidd, nid cenedl Brydeinig, y gorwedd dyfodol i Gymru.

Cydnabyddaf yn ddiolchgar fy nyled i Karl Davies am lawer o ffeithiau, i Meic Stephens am wybodaeth am Estonia a Latfia, i Ioan Bowen Rees am gael defnyddio ei waith ar Y Swistir, ac i Dafydd Prys am ddarllen drwy'r teipysgrif a gwneud llawer awgrym gwerthfawr.

GWYNFOR EVANS

Y Ffindir

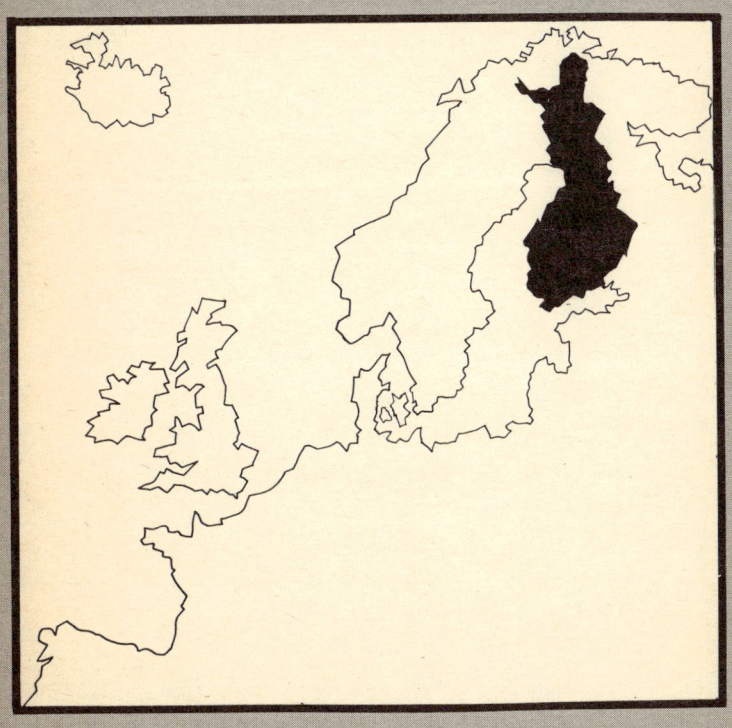

Canol dinas Helsinki, Y Ffindir

Y Ffindir sy'n dangos egluraf beth allasai Cymru ei wneud petai'n genedl rydd. Er bod Y Ffindir wedi byw yng nghysgod ymerodraeth ormesol Yr Undeb Sofietaidd, ac wedi bod yn rhan o Rwsia hyd 1917, y mae hi'n byw bywyd cenedlaethol cyflawn a gwâr iawn o dan drefn ddemocrataidd, yn gwbl annibynnol ar ei chymydog totalitaraidd anferth. Gwna hynny heb gael ei llethu gan gostau arfau rhyfel. Ar y llaw arall y mae Cymru'n rhan ymylol o allu mawr sy'n gwario dros deirgwaith mwy na'r Ffindir o'i chynnyrch cenedlaethol ar arfau rhyfel, er bod y ffin rhwng Rwsia a'r Ffindir yn 778 milltir o hyd. Y mae safon byw Y Ffindir yn uwch na safon byw Prydain er na fu gan Y Ffindir ddim byd tebyg i adnoddau naturiol Cymru. Disgleiria'n ddiwylliannol hefyd er nad oedd llenyddiaeth Ffinaidd yn bod ganrif a hanner yn ôl, na hyd yn oed iaith lenyddol Ffinaidd. Ymddangosai potensial y Cymry'r pryd hwnnw'n anhraethol fwy.

Mewn llyfr a gyhoeddodd llywodraeth Y Ffindir dywed Kirmo Mikkola:

> Yr oedd y bedwaredd ganrif ar bymtheg yn gyfnod o ddeffroad cenedlaethol mawr yn Y Ffindir. Crewyd ymdeimlad o hunan-barch *gan ddatblygiad Ffinneg ysgrifenedig* a sefydliadau cenedlaethol. . . . Pan luniwyd y Kalevala, yr epig cenedlaethol, dangoswyd mor ddwfn oedd gwreiddiau'r diwylliant Ffinaidd. Roedd Y Ffindir *yn dechrau symud tuag at ddiwylliant o'i heiddo ei hun.* (Fy italeiddio i).

Y mae'r gwrthgyferbyniad â hynafiaeth llenyddiaeth, gwareiddiad a hanes cenedl y Cymry yn drawiadol. Pan oedd llenyddiaeth Cymru'n un o lenyddiaethau mawr

Ewrop, rhwng y chweched ganrif a'r unfed ganrif ar bymtheg, nid oedd llenyddiaeth Ffinaidd i'w chael, na dim ychwaith yn oes Goronwy Owen a Williams Pantycelyn ac Ann Griffiths. Cyhoeddwyd 1,300 o lyfrau Cymraeg yn y ddeunawfed ganrif a dim un llyfr Ffinneg. A phan fu Gerallt Gymro'n disgrifio cymdeithas wâr Cymru yn ei ddau lyfr disglair, dyna pryd y dygwyd Cristnogaeth gyntaf i'r Ffindir, gan grwsâd milwrol Swedaidd (roedd Sweden a gwledydd eraill Llychlyn newydd eu Cristioneiddio). Os yw gwreiddiau mor bwysig i'r bywyd dynol ag y credaf, yr oedd gan y Cymry fantais enfawr dros y Ffiniaid. Pam, felly, y mae hanes diweddar y Cymry mor ddilewyrch a hanes y Ffiniaid mor ddisglair? Beth yw cyfrinach eu llwyddiant?

Ysbryd a nerth moesol ei phobl yw'r elfen fwyaf hanfodol yn natblygiad pob cenedl. Pan yw'n rhaid gwrthsefyll grymusterau allanol neu fewnol, y ffactor allweddol yw teyrngarwch i'r gymuned genedlaethol. Ar ôl y deffroad ganol y ganrif ddiwethaf rhagorai'r Ffiniaid yn hyn o beth, ond methai'r Cymry. Ni leddir cenedl gan ormes neu erledigaeth allanol cyhyd ag y bo'i phobl yn sefyll yn gadarn dros ddyfodol cenedlaethol i'w gwlad ac yn mynnu'r amodau gwleidyddol angenrheidiol i'w pharhad.

Roedd y Ffiniaid wedi bod yn byw yn eu gwlad am bron i ddwy fil o flynyddoedd cyn iddynt ddechrau ymdeimlo â'u cymeriad Ffinaidd a chydio yn eu bywyd cenedlaethol. Ganol y ganrif ddiwethaf y digwyddodd hyn, pan oedd y Ffindir yn rhan o Rwsia ond o dan reolaeth fewnol Swediaid. Pan ddeffrôdd eu balchder cenedlaethol ffrydiodd egni a hyder trwy bob rhan o'u bywyd. Ffrwyth y deffroad hwnnw a welir yno heddiw. Yr ymdrech gwbl dyngedfennol, yr un a benderfynodd ddyfodol y wlad, oedd yr ymdrech i ddiorseddu'r ieithoedd estron a dyrchafu'r iaith Ffinaidd werinol a fu'n ddilenyddiaeth hyd hynny. Yn gyntaf fe'i dyrchafwyd yn iaith llenyddiaeth a diwylliant, yna yn iaith ysgol a choleg, ac wedyn yn iaith cyfraith, llywodraeth a bywyd cyhoeddus, y cyfan mewn dwy genhedlaeth. Trawsnewidiodd hyn holl fywyd y wlad, canys iaith cenedl yw meddwl cenedl, yr elfen y mae hi'n byw a gweithio ynddi, y ffactor fwyaf ffurfiannol yn ei chymeriad. Oni bai am orseddu'r Ffinneg ni ellid bod wedi sicrhau'r rhyddid gwleidyddol a'r cyfiawnder cymdeithasol a'r llwyddiant economaidd y mae'r Ffindir yn ei fwynhau heddiw.

Cwbl groes i brofiad y Ffindir fu hanes cenedl y Cymry. Yma yr oedd treftadaeth genedlaethol fwy ysblennydd na dim a feddai'r Ffiniaid, ac i bob golwg bosibiliadau anhraethol fwy. Ond rhwng 1850 ac 1880, yn yr union gyfnod pan ymunai'r Ffiniaid oll (gan gynnwys yr elfen lywodraethol Swedaidd) mewn ymdrech fawr urddasol i ymateb i her eu hamgylchiadau trwy greu amodau cenedl rydd, Ffinaidd ei hiaith, dyma'r cyfnod a welodd ran fawr o'r deallusion a'r bonedd Cymreig yn hyrwyddo ymdrech waradwyddus wasaidd i gael gwared ar genedligrwydd y Cymry trwy eu hintegru yn y genedl Seisnig. Yn hytrach nag ymroi i ddatblygu cenedligrwydd Cymru ac ymlafnio i wneud ei hiaith lenyddol gyfoethog unwaith eto yn iaith cyfraith a llywodraeth, cefnodd y deallusion ar y Gymraeg, gan daer broffwydo a mawr ddymuno'i thranc. Cefnasai dosbarth breiniol tiriog Cymru ar eu cenedl a'u hiaith ers dwy ganrif a mwy. Cyfatebent hwy i'r Swediaid breiniol a reolai fywyd mewnol Y Ffindir; ond pan ddechreuai'r Swediaid Ffinaidd eu huniaethu'u hunain â bywyd ac iaith ddi-lên y wlad, ymgaledai dosbarth breiniol Cymru yn eu Seisnigrwydd. Fe'u hefelychwyd gan ran fawr o'r dosbarth canol newydd. Wrth i deyrngarwch y Ffiniaid darostyngedig i'w cenedl gael ei ddeffro am y tro cyntaf, dyfnhaodd teyrngarwch y Cymry breiniol i Loegr a'i hymerodraeth, gan osod cynsail y bu i fwyafrif mawr ei phobl hyd heddiw ei ddilyn. Canlyniad hynny yw'r gwahaniaeth trawiadol sydd rhwng cyflwr y ddwy genedl yn ein hamser ni.

Er i'r Ffiniaid gael eu galw'n Wyddelod y Baltig ni welsant ddim tebyg i wychder gwareiddiad Gwyddelig yr Oesoedd Canol cynnar. Bu gorffennol Y Ffindir yn un diwareiddiad o dan iau estronol. Rhwng y cyfnod Rhufeinig yng Nghymru a dyddiau Llywelyn Fawr buont heb drefniadaeth wleidyddol nac arweinydd adnabyddus. Roedd "yn wag o wir enwogion." Yn ail hanner y ddeuddegfed ganrif, cyfnod Owain Gwynedd a'r Arglwydd Rhys, goresgynnwyd y wlad gan Swediaid yn yr hyn a alwent yn Grwsadau Cristnogol, a gorfodwyd bedydd Cristnogol ar frodorion rhan fawr o'r wlad, hyn tua chwe chanrif ar ôl i'r Cymry dderbyn Cristnogaeth yn wirfoddol yn ystod Oes y Saint. Byth wedyn, hyd at y ganrif hon, y Swediaid fu'r elfen lywodraethol yn y wlad. Ond nid oedd Sweden yn ddigon mawr i arglwyddiaethu dros Y Ffindir fel yr arglwyddiaethodd Lloegr dros Gymru. Yn ddaearyddol y mae'r Ffindir yn wlad enfawr, sawl gwaith mwy na Lloegr; nid oedd Sweden yn wlad ganoliaethol fel y bu Lloegr wedi'r Goncwest Normanaidd, eithr yn ffederasiwn llac o daleithiau. Serch hynny, bron hyd at ddydd ei hannibyniaeth, yr elfen Swedaidd (na fu erioed yn fwy na deg y cant o'r boblogaeth) a reolai fywyd mewnol Y Ffindir, heb roi lle o gwbl i'r iaith Ffinaidd, sy'n wahanol iawn i bob iaith Ewropeaidd oddieithr Estoneg ac, ymhell yn ôl, Hwngareg.

Er i'r Ffindir barhau'n rhan o Sweden am saith canrif, a'i bod wedyn yn rhan o Rwsia am ganrif arall, ni fu pwysau'r gormes estron i'w gymharu â phwysau gormes Lloegr ar Gymru. A Chymru mor fach a gwan (tua'r un faint â Llyn Ladoga, llyn mwyaf Y Ffindir sy'n wlad o 60,000 o lynnoedd) yn dynn yn erbyn Lloegr fawr rymus, dim ond arwriaeth y brwydro am ddau can mlynedd yn erbyn y Normaniaid Seisnig a gadwodd ei hunaniaeth genedlaethol. Tra bo Sweden yn gadael llonydd i'r Ffindir yr oedd Lloegr yn ymyrryd byth a hefyd ym mywyd Cymru, ac wedi ei hymgorffori hi, yn dilyn polisi o geisio gwneud y Cymry'n Saeson. Roedd Sweden yn cydnabod dilysrwydd cyfraith ac arferion y taleithiau gorchfygedig tra dilewyd cyfraith Cymru'n llwyr gan Loegr—ergyd enbyd i fywyd Cymru gan fod cyfraith gwlad yn mynegi ei gwerthoedd moesol a chymdeithasol. Talaith Swedaidd oedd Y Ffindir. Y gair Swedaidd am dalaith, nid tir, yw *land*. Talaith y Ffiniaid yw ystyr enw'r wlad.

Dyfodiad Protestaniaeth Lwtheraidd a ddygodd Gristnogaeth i rannau o'r wlad am y tro cyntaf. Lwtheraidd yw'r Eglwys genedlaethol byth. Pan ddeffrôdd y Ffiniaid yn y bedwaredd ganrif ar bymtheg bu eu Protestaniaeth, gyda'i hethig gwaith a'i phwyslais ar ddarllen, yn gymorth mawr iddynt, fel y bu i genhedloedd Llychlyn oll ac i Latfia ac Estonia hefyd. Er mai cyfartaledd isel o'r bobl sy'n mynychu gwasanaethau crefyddol yno heddiw, fawr mwy nag yng Nghymru, glyna'r mwyafrif mawr yn ffurfiol wrth yr Eglwys Lwtheraidd. Yn yr Eglwys y digwydd 92% o briodasau.

Gwaethygodd sefyllfa'r Ffiniaid pan ddaeth Sweden yn Allu Mawr Ewropeaidd yn yr ail ganrif ar bymtheg. Datblygodd trefn fwy canoliaethol, fel sy'n digwydd o ganlyniad i filitariaeth bob amser, a cheisiwyd gorfodi unffurfiaeth ar Y Ffindir. Ar yr un pryd rhoddwyd ystadau mawr yno i gadfridogion, ac am ddwy ganrif a hanner yr uchelwyr milwrol hyn a'u disgynyddion fu'r dosbarth llywodraethol, un pur ormesol ac anghyfrifol yn aml. Nid oedd dim mwy o Ffinneg ganddynt nag oedd o Gymraeg gan fonedd Cymru; byddai llawer ohonynt yn byw yn Sweden. Fe'u hefelychwyd gan y trefwyr, a ollyngodd eu Ffinneg hwythau. Fel yng Nghymru, iaith estron oedd iaith y gyfraith a'r llysoedd, yr ysgolion a llywodraeth leol. Cyfyngwyd y Ffinneg i'r werin ddi-ddysg. Serch hynny, er mai Swedeg oedd ei hiaith, profodd y Brifysgol, a sefydlwyd ym 1640 ac a symudwyd i Helsinki bron ddwy ganrif yn ddiweddarach, yn gymwynasgar wrth sefydlu traddodiad o ddysg ac o ddisgyblaeth academaidd. Pan ddaeth y deffroad cenedlaethol ymhen dwy ganrif, y

Brifysgol oedd ei ganolbwynt, er mor Swedaidd y parhâi ei chymeriad. Dychmyger y gwahaniaeth fyddai'r ddwy Brifysgol y gobeithiai Owain Glyndŵr eu sefydlu'n gynnar yn y bymthegfed ganrif wedi ei wneud i Gymru, a'r lles a ddeuai o'r Brifysgol Gymreig y bwriadai'r Piwritaniaid ei sefydlu yn yr ail ganrif ar bymtheg.

Ar dir Y Ffindir y bu llawer o'r rhyfela enbyd o ddinistriol a fu rhwng Sweden a Rwsia o'r bymthegfed hyd y ddeunawfed ganrif, a bu newyn mawr. O'r herwydd dim ond chwarter miliwn oedd poblogaeth y wlad yn nechrau'r ddeunawfed ganrif, llai na phoblogaeth Cymru. Cododd i dri chwarter miliwn erbyn dechrau'r ganrif ddiwethaf, sef tua dau can mil yn fwy na Chymru. Daeth pen ar y rhyfela y pryd hwnnw gyda buddugoliaeth Rwsia dros Sweden. Trwy gydol y ganrif ddiwethaf bu'r Ffindir yn rhan o Rwsia, ond trosglwyddodd hi reolaeth fewnol y wlad i ddwylo'r Ffiniaid Swedaidd, a gafodd fesur o ymreolaeth debyg i'r hyn a fwynhâi'r Eingl-Wyddelod yn Iwerddon ddiwedd y ddeunawfed ganrif. Adeiladwyd prifddinas weinyddol ym mhorthladd bach Helsinki, a datganodd y Tsar Alexander fod Y Ffindir yn genedl. Er mai Swedaidd oedd cymeriad ei sefydliadau roedd ganddi ei senedd a'i chyfraith ei hun, ei llywodraeth leol, a'i Phrifysgol a'i Heglwys Lwtheraidd. Swedeg oedd iaith a Swedaidd oedd diwylliant yr aristocratiaid a'i rheolai; parhaodd y Ffiniaid yn bobl dan draed.

Er mai Swedaidd oedd y Brifysgol, ei myfyrwyr hi a gymerodd y camau cyntaf i feithrin bywyd y Ffiniaid, a hynny o dan ddylanwad yr ideoleg genedlaethol, a ddeilliai o Ramantiaeth ac egwyddorion Oes Rheswm a foderneiddiodd fywyd cynifer o genhedloedd Ewrop. Mynnai fod gan bob iaith a diwylliant werth unigryw a chyfraniad unigryw i'r ddynoliaeth. Carnhuanawc, cenedlaetholwr Cymreig mwyaf y cyfnod, oedd proffwyd yr ideoleg hon yng Nghymru, a'i brif dystiolaeth lenyddol oedd ei gyfrol fawr ar hanes cenedl y Cymry o'r cyn-oesoedd hyd at farwolaeth

Llywelyn ap Gruffudd. Ond mygwyd yr ideoleg yng Nghymru gan bwysau llethol Lloegr a'i chenedlaetholdeb imperialaidd a militaraidd hi.

Eithr yn Iwerddon esgorodd ar fudiad Iwerddon Ieuanc ymhlith myfyrwyr Eingl-Wyddelig Coleg y Drindod, Dulyn. Hwy, nid Gwyddelod Gwyddelig, a ddeffrôdd ddiddordeb brwd yn hanes a llên-gwerin y wlad. Felly y bu yn Y Ffindir hefyd. Swedo-Ffinaidd oedd y myfyrwyr ym Mhrifysgol Helsinki a gynhyrfwyd gan yr ideoleg genedlaethol. Cyfarfyddent yn stafelloedd ei gilydd bob nos Sadwrn. O'r herwydd fe'u galwyd yn Gymdeithas y Sadwrn. Meibion uchelwyr Swedo-Ffinaidd oedd mwyafrif yr aelodau, ond fe'u hunwyd yn y ffydd mai'r werin bobl oedd piau dyfodol y wlad. Hwy a lansiodd y dadeni Ffinaidd, hwy oedd tadau'r genedl mewn gwirionedd. Roedd llenyddiaeth a hanes anhraethol fwy cyfoethog gan Gymru, ond nid oedd ganddi Brifysgol ac ni châi Anghydffurfwyr fynd i brifysgolion Rhydychen a Chaergrawnt; ni chododd cymaint ag un arweinydd i'r genedl o blith y dosbarth uchelwrol a ddanfonai eu meibion yno.

Y cyntaf o aelodau Cymdeithas y Sadwrn i ennill enwogrwydd oedd Johan Runeberg. Ni allai siarad na sgrifennu Ffinneg ond daeth yn arwr Ffinaidd, serch hynny, trwy gasgliad o ganeuon a gyhoeddodd ym 1848. Deffrôdd y rhain falchder cenedlaethol na wybu'r Ffindir erioed o'r blaen. Adroddent am arwyr, rhai'n adnabyddus, eraill yn ddistadl, a ymladdodd yn ddewr dros frenin Sweden yn y rhyfeloedd yn erbyn Rwsia. Runeberg biau geiriau'r anthem genedlaethol a sgrifennwyd ychydig flynyddoedd cyn i ddau werinwr ysgrifennu a chyfansoddi Hen Wlad Fy Nhadau.

Ystyrier rhyfeddod tarddiad anaddawol y mudiad cenedlaethol a arweiniodd at ddyrchafu cenedl o werinwyr tlawd a dilenyddiaeth yn wlad rydd ac urddasol, yn llewyrchus ei heconomi a disglair ei diwylliant. Yr oedd fel pe bai cwmni o fyfyrwyr di-Gymraeg o gartrefi bonedd Seisnigedig Cymru yn ymroi i adfer iaith a diwylliant Cymru, ei hanes a'i chenedligrwydd, yn cynhyrchu bardd a ddeffroai falchder cenedlaethol y Cymry, yn casglu a chyflwyno'i llên-gwerin i'r bobl mewn modd ysbrydoledig ac yn ymladd yn llwyddiannus dros ysgolion trwy'r wlad a ddysgai blant Cymru trwy gyfrwng y Gymraeg, ac mewn tri-chwarter canrif yn esgor ar ryddid cenedlaethol a llewyrch economaidd.

O holl aelodau Cymdeithas y Sadwrn, yr un a wnaeth fwyaf i ddeffro balchder y Ffiniaid yn eu gorffennol, a chreu hyder ynddynt trwy hynny, oedd Elias Lonrott. Meddyg o gefndir digon gwerinol oedd ef, yr unig un o fawrion y dadeni Ffinaidd a allai siarad a sgrifennu'r iaith Ffinneg. Dewisodd fyw a chrwydro yn Carelia, tiriogaeth Ffinaidd eithaf cyntefig a fu am ganrifoedd yn rhan o Rwsia. Er bod Carelia yn wlad enfawr, cymaint â'r Isalmaen, Gwlad Belg a'r Swistir gyda'i gilydd, dim ond 78,000 oedd ei phoblogaeth yn nechrau'r ganrif ddiwethaf, a'r bobl hynny'n dlawd ac anllythrennog. Gweddnewidiwyd eu cymeriad erbyn heddiw; y mae ei phobl yn awr yn fywiog a llafar a daw llawer o feirdd y wlad o'u plith.

Arhosai cronfa fawr o benillion gwerin ar gof a chadw yn y rhan ddeheuol o Carelia sydd rhwng Y Ffindir a Rwsia. Llafargenid y penillion hyn am gymaint ag awr neu ddwy ar y tro, neu fe'u cenid i gyfeiliant telyn fach draddodiadol y wlad. Cenid am arwyr yr hen oesoedd ac am dduwiau anghofiedig y cyfnod, am brofiadau'r meddwl a'r galon, am ŵyl a phriodas a themâu cartrefol, naïf a ffansïol, ond bob amser yn agos at natur, yn ymwneud â bywyd beunyddiol ffermwyr a physgotwyr. Camp Elias Lonrott oedd casglu'r caneuon hyn ynghyd â'u gosod mewn campwaith ar ffurf epig fawr yn y dull Homeraidd (22,795 o linellau) a'i chyhoeddi o dan y teitl *Kalevala*. Bu'r effaith yn aruthrol, yn eang ac yn hir barhaol. Gwnaeth ddau beth. Rhoddodd i'r Ffiniaid gampwaith llenyddol ysgrifenedig yn eu hiaith eu hunain; ac fe'u hargyhoeddodd nhw, gan gynnwys y Ffiniaid Swedaidd, fod eu cyndadau yn llawer mwy na thrigolion amrwd ac anwar y fforest, eithr yn bobl o ddoniau ysbrydol mawr.

Trawodd y *Kalevala* y dosbarth addysgedig gyda grym syfrdanol p'un a siaradent hwy Ffinneg ai peidio. Am y tro cyntaf erioed roedd y traddodiad Ffinaidd yn draddodiad ysgrifenedig; gallai'r iaith ddatblygu mwyach fel iaith lenyddol. Trwy gydol gweddill y ganrif, a chwarter cyntaf yr ugeinfed ganrif, hwn oedd llyfr sanctaidd y Ffiniaid, yn ysbrydoliaeth nid yn unig i lenorion a cherddorion, artistiaid a phenseiri, ond hefyd i bawb a fynnai weld Y Ffindir yn wlad rydd. Llenyddol oedd ysbrydoliaeth y gwladgarwyr gwleidyddol. Ym 1917 taflodd hualau Rwsia oddi ar ei gwar. Daeth Y Ffindir yn wladwriaeth annibynnol.

Yn y cyfamser cyflawnodd aelod arall o Gymdeithas y Sadwrn wasanaeth cwbl angenrheidiol dros yr iaith genedlaethol, gwasanaeth na welwyd ei debyg yng Nghymru. Yng nghanol y ganrif, prin bod teulu yn y wlad a gawsai addysg yn gallu siarad Ffinneg; Swedeg oedd iaith y bobl addysgedig. Doedd gan y dosbarth llywodraethol Swedaidd ddim mwy o ddiddordeb yn iaith a chenedl y Ffiniaid nag oedd gan fonedd Cymru yn iaith a chenedl y Cymry, ac ni welsai'r Ffindir ddim tebyg i ysgolion Griffith Jones a'n hysgolion Sul ni. Pobl anllythrennog oedd y Ffiniaid Ffinaidd. Swedeg oedd iaith pawb mewn swydd ac awdurdod. Ni thrafodid dim byd cyhoeddus yn iaith y werin bobl. Ac iaith anodd iawn oedd y Ffinneg. Perthyna'n agos i Estoneg ond nid oes perthynas rhyngddi ac ieithoedd Indo-Ewropeaidd y cyfandir. Gan hynny roedd y Ffinneg, ganol y ganrif ddiwethaf, mewn sefyllfa anhraethol wannach na'r Gymraeg. Ganrif yn ddiweddarach, fodd bynnag, roedd mewn safle anhraethol gryfach na'r Gymraeg, ac i Johan Snellman, y cyntaf a'r enwocaf o ddiwygwyr Y Ffindir, y mae'r diolch pennaf am ei hadferiad.

"Ni ellir fyth ddyrchafu trwch y genedl cyhyd ag y bydd

Swedeg yn aros yn iaith addysg a gweinyddiaeth." Dyna ddatganiad Johan Snellman ar adeg pan oedd deallusion Cymru yn cefnu ar yr iaith Gymraeg ac yn dymuno ac yn proffwydo ei thranc buan. Oni fynnent addysg Saesneg i'r Cymry uniaith? Onid aelod seneddol o Gymro, William Williams, a ddatganodd yn y senedd, wrth alw am gomisiwn a ddygai adroddiad ar addysg yng Nghymru (yr adroddiad a lysenwyd yn Frad y Llyfrau Gleision):

> If the Welsh had the same advantages for education as the Scotch (sic) they would instead of appearing as a distinct people, in no respect differ from the English.

Hyn oedd ewyllys deallusion Cymru yn y cyfnod ar ôl cyhoeddi'r Llyfrau Gleision gwarthus. Tranc yr iaith oedd eu dymuniad fel na byddai'r Cymry mwyach yn *distinct people.* Gwyddent mai'r Gymraeg a'u cadwai'n genedl, ond ni fynnent iddi fod yn genedl. Fe'i meddiannwyd gan yr ewyllys i farw fel y câi'r Lloegr a addolent fywyd llawnach, ac ni cheid hwb i Gymru fyw ychwaith o du'r Methodistiaid tawelyddol. Roedd yr ysbryd a ddechreuai gorddi'r Ffindir yn gwbl wahanol. Yr ewyllys i fyw a feddiannai Johan Snellman a'i gydwladgarwyr. Ei nod herfeiddiol ef oedd gwneud y Ffinneg annatblygedig, iaith ddilenyddiaeth y werin gaeth, yn iaith addysg a gweinyddiaeth y wlad. A thrwy feithrin teyrngarwch y bobl i'w gwlad a'u hiaith, ac yn rhyfedd iawn gyda chymorth cyfamserol y Tsar, fe ddygodd y maen i'r wal. Yr hyn a symbylai'r Tsar i gefnogi cenedlaetholwyr Ffinaidd oedd ei awydd i wrthweithio'r anfodlonrwydd ar reolaeth Rwsia y ceisiai Sweden ei gynhyrfu. Cynyddwyd diddordeb Sweden o'r newydd yn Y Ffindir gan dwf diwydiannaeth yno. Er mwyn ennyn cydymdeimlad y Ffiniaid, cefnogodd y Tsar Alexander ysgolion Ffinaidd eu hiaith ychydig flynyddoedd cyn i Ddeddf Addysg 1870 orfodi addysg gwbl Saesneg ar holl blant Cymru. Aeth ymhellach. Cyhoeddodd Gyfarwyddyd Iaith ym 1863 a roddai'r hawl i ddewis cyflwyno dogfennau Ffinneg yn hytrach na Swedeg i'r llysoedd barn.

Rhoddwyd ugain mlynedd i'r swyddogion ddysgu Ffinneg. Yn ôl polisi'r Tsar, ymhen ugain mlynedd yr oedd y Ffinneg i fod yn iaith y llysoedd cymunedol ymhobman ac eithrio ardaloedd Swedeg eu hiaith; ond cymerodd y broses bron hanner canrif. Ar ben hyn oll cynullodd Alexander y senedd; nid oedd wedi cwrdd ers dechrau'r ganrif. Roedd y Swediaid wedi creu sustem o lywodraeth leol; yn awr creodd y Rwsiaid lywodraeth genedlaethol.

Deffrôdd camau goleuedig Alexander fywiogrwydd politicaidd, a bu dyfodol y diwylliant cenedlaethol yn ganolbwnc ymryson go ffyrnig. Y cwestiwn oedd, a ddylai ei gymeriad fod yn Swedaidd, fel y bu hyd hynny, neu yn Ffinaidd. Argyhoeddiad Snellman oedd fod bodolaeth y genedl fel cenedl Ffinaidd yn dibynnu ar orseddu'r Ffinneg yn iaith genedlaethol, er nad oedd ganddi na llenyddiaeth na gramadeg na geirfa fodern. Dyna oedd polisi'r blaid y perthynai iddi. Arweinid honno gan ŵr o'r enw Koskinen, y gwleidydd cyntaf erioed i ddysgu Ffinneg! Un canlyniad holl bwysig i'r ymryson oedd mai cyfrwng addysg yr ysgolion cynradd erbyn 1905 fyddai iaith mwyafrif pobl yr ardal. Ffinneg, gan hynny, oedd iaith mwyafrif helaeth yr ysgolion cynradd. Ym 1905 Cymraeg oedd iaith mwyafrif mawr pobl cymoedd Morgannwg hyd yn oed, ond Saesneg oedd unig iaith eu hysgolion, ac ysgolion Cymru oll.

Er bod bodolaeth y genedl Gymreig hefyd yn dibynnu ar yr iaith genedlaethol, bu'r arweiniad taeogaidd a roes deallusion Cymru yn un gwbl wahanol i arweiniad urddasol y deallusion Ffinaidd. Cefnu ar eu hiaith a wnaeth deallusion Cymru. Lloegr ymerodrol oedd eu byd hwy. Â'r Saeson a'u gwerthoedd yr ymuniaethent. Ymdebygu i'r Saeson oedd eu nod. Yn wir, mynnai rhai eu bod yn Saeson, megis Hussey Vivian A.S., a ddatganodd o lwyfan Eisteddfod 'Abertawe ym 1863, blwyddyn Cyfarwyddyd Iaith y Tsar Alexander:

At this time we are one whole united compact people...
Remember that you are all Englishmen though you are Welshmen...
Depend upon it, we must consider ourselves Englishmen.

At ei gilydd nid oedd y deallusion Cymreig mor ynfyd â hynny, ond yr un oedd eu nod, fel y dengys Hywel Teifi Edwards yn *Gŵyl Gwalia.* Cyfeiria at alwad y *Cronicl,* cylchgrawn S.R., Llanbryn-mair, bod i'r Eisteddfod Genedlaethol, unig sefydliad cenedlaethol Cymru, gynnal ei sesiynau'n llwyr yn Saesneg. "Marw y mae y Gymraeg," meddai'r *Cronicl* ar adeg pan oedd hi'n iaith mwyafrif mawr pobl Cymru, a rhaid "cynhyrfu ein cenedl i ddarparu at fyw ar ei hôl." Gan hynny, ymhell o fod yn ymladd dros addysg trwy gyfrwng yr iaith genedlaethol fel y gwnâi Ffiniaid y cyfnod, croesawodd y Cymry'r gyfundrefn o ysgolion cwbl Saesneg a sefydlwyd wedi Deddf Addysg 1870. Bu eu croeso yr un mor frwd i'r ysgolion uwchradd Seisnigaidd a'r colegau prifysgol a baratoai ddisgyblion a myfyrwyr i wasanaethu Lloegr a'i hymerodraeth yn hytrach na'u gwlad a'u cenedl eu hun.

Tra oedd y Gymraeg yn cael ei bradychu, câi'r Ffinneg ei dyrchafu. Tra gallai'r Cymru ddweud: "Ni yw'r dynion a Brydeiniwyd", arwyddair y Ffiniaid yn y cyfnod hwnnw oedd: "Nid ydym mwyach yn Swediaid, ni allwn fod yn Rwsiaid, gadewch, felly, inni fod yn Ffiniaid." Hanfod hynny i Johan Snellman oedd integru'r iaith â chenedligrwydd. Gwelai ef fod dyfodol cenedlaethol Y Ffindir yn dibynnu'n llwyr ar wneud y Ffinneg yn iaith y llywodraeth, y bywyd cenedlaethol a'r gyfundrefn addysg. Gwelai na châi iaith y mwyafrif diaddysg ei lle oni'i dysgid hi gan y dosbarth a gawsai addysg. Roedd yn rhaid i'r Ffinneg ddod yn iaith y deallusion, canys iaith cenedl yw ei meddwl a'i chof hi. Arweiniodd y polisi hwn at adfywio holl fywyd y wlad, gan gynnwys ei bywyd economaidd. Yr iaith oedd ffactor ganolog y dadeni Ffinaidd.

Bu trai a llanw yn y frwydr am flynyddoedd cyn cyrraedd y sefyllfa lewyrchus a welir heddiw. Ym 1886, blwyddyn ethol Tom Ellis yn aelod seneddol Meirion, cafodd yr iaith Ffinneg ei chaniatáu mewn gohebiaeth gyhoeddus. Ym 1895, y flwyddyn y daeth Prif Weinidog Lloegr i Gaerdydd i wneud datganiad o blaid senedd i Gymru, caniatawyd defnyddio'r Ffinneg yn senedd Y Ffindir. Nid oes gan Gymru senedd byth, ac yn senedd Westminster y mae'r Gymraeg yn iaith estron na cheir yngan gair ohoni yno.

Eithr cymerwyd cam yn ôl pan ddaeth y Tsar Nicholas i orsedd Rwsia. Cefnodd ef yn llwyr ar bolisïau goleuedig Alexander, na buont erioed wrth fodd calon mwyafrif yr hen ddosbarth llywodraethol Swedo-Ffinaidd. Danfonwyd llywodraethwr newydd i'r Ffindir ym 1898 gydag archiad i ddilyn polisi o Rwsianeiddio ei threfn wleidyddol a'i diwylliant. Mewn addysg gwnaethpwyd dysgu Rwsieg yn orfodol fel prif iaith estron yn yr ysgolion cynradd. Y fath ormes! Gorfodi dysgu Rwsieg fel testun! Ond dyna'r cyfan y gellid ei wneud i Rwsianeiddio'r ysgolion am fod y deallusion Ffinaidd, a oedd yn lluosocach na'r deallusion Swedo-Ffinaidd bellach, yn gwrthod caniatáu dim byd mwy chwyrn. Onid oedd Rwsianeiddio addysg yn treisio eu hurddas a'u hunan-barch fel Ffiniaid? A phan ddygwyd oddi arnynt y mesur o ryddid cenedlaethol a gawsant gan Alexander ymatebwyd trwy wrthwynebiad torfol di-drais. Casglwyd hanner miliwn o enwau ar ddeiseb mewn pythefnos, er mor wasgaredig oedd poblogaeth y wlad enfawr, a'i dwyn i St.Petersburg gan bum cant o wŷr, un o bron pob plwyf yn y wlad. Pan osodwyd gorfodaeth filwrol ar y wlad safodd tri o bob pump a alwyd i'r lluoedd fel gwrthwynebwyr cydwybodol. Ym 1905, ar ôl i Japan drechu Rwsia, cyhoeddwyd streic gyffredinol. Am chwe diwrnod safodd popeth, trenau, ffatrïoedd, ysgolion, siopau, lleoedd bwyta—safodd popeth yn stond. Streiciodd hyd yn oed yr heddlu. Yn gwbl ddi-drais, safodd y genedl gyfan dros ei hawliau. Ar y chweched diwrnod ildiodd llywodraeth Rwsia. Peidiodd gorfodaeth filwrol a galwyd y senedd ynghyd. Chwaraeai sosialwyr ran fawr yn hyn oll. Roedd sosialaeth yn Y Ffindir yn gryfach nag yng Nghymru, ond Y Ffindir a gâi deyrngarwch ei sosialwyr. Cenedlaetholwyr Ffinaidd oedd y mwyafrif ohonynt. Cenedlaetholwyr Prydeinig oedd mwyafrif sosialwyr Cymru.

Gwir mai swyddogaeth ymgynghorol oedd swydd-ogaeth y senedd ym mhrif feysydd llywodraeth, ond rhoes lais i'r Ffindir, llais tebyg i'r un a roddai'r Cynulliad Etholedig i Gymru, pe cytunasai'r Cymry i'w dderbyn ym 1979. Yn y lecsiwn i ethol aelodau i'r senedd cafodd dynion a gwragedd yr hawl i bleidleisio yn 24 oed. Y Ffindir, gan hynny, oedd y wlad gyntaf yn Ewrop i roi'r bleidlais i ferched. Fwy na chenhedlaeth cyn hynny, fodd bynnag, câi dynion a merched yr hawl i bleidleisio wrth ethol aelodau i senedd y Wladfa Gymreig ym Mhatagonia, yr unig senedd a gafodd y Cymry oddi ar seneddau Glyndŵr.

Bedair blynedd yn ddiweddarach cychwynnodd ail gyf-nod o Rwsianeiddio a nodweddwyd gan benodi Rwsiaid neu gynffonwyr Rwsiaidd i swyddi yng ngwasanaeth sifil Y Ffindir, a chan ymgais i wneud Rwsieg yn iaith swyddogol. Mynnwyd cael pump etholiad seneddol mewn wyth mlynedd. Alltudiwyd rhai o arweinwyr y gwrthwynebiad i Siberia. Er nad oedd y Rwsianeiddio agos mor orthrymus â'r Seisnigo ar Gymru, rhoes fwy eto o ddur yng nghenedlaetholdeb y wlad; cryfhaodd ymlyniad y Ffiniaid wrth eu cenedl a'u hiaith, a dyfnhaodd yr argyhoeddiad fod yn rhaid iddynt dorri'u cysylltiad â Rwsia. Arwydd o deimlad y bobl oedd bod degau o filoedd o deuluoedd yn newid eu henwau o'u ffurf Swedaidd i'r Ffinneg wreiddiol.

RHYDDID CENEDLAETHOL

Ni feiddiodd Rwsia alw milwyr o'r Ffindir yn ystod y Rhyfel Byd Cyntaf er bod Y Ffindir yn rhan o Ymerodraeth Rwsia. Pan ddaeth y Chwyldro Rwsiaidd ym Mawrth

1917, gwelodd y genedl ei chyfle mawr i ennill ei rhyddid. Symudwyd yn gyflym. Galwyd y senedd ynghyd, diswyddwyd y swyddogion Rwsiaidd a'r Rheolwr Cyffredinol gormesol; rhyddhawyd carcharorion gwleidyddol a galwyd yr alltudion adref. Yn eu plith roedd Svinhufvud, yr arweinydd cenedlaethol. Ar 18 Gorffennaf pasiodd y senedd Fesur Annibyniaeth trwy fwyafrif a chymerodd arni'i hun yr holl alluoedd a fu gan Rwsia o dan yr hen gyfansoddiad, ar wahân i amddiffyn milwrol a pholisi tramor. Pan gydiodd y Bolsieficiaid yn llywodraeth Rwsia torrodd Y Ffindir yn gwbl rydd.

Y wlad gyntaf i gydnabod ei hannibyniaeth oedd Rwsia Sofietaidd. Roedd hyn yn unol â pholisi goleuedig Lenin tuag at genedlaetholdeb a rhyddid cenedlaethol. Datganodd ei feddwl yn groyw:

> Mae'n rhaid i'r proletariat gefnogi gydag egni a phendantrwydd y Mudiadau Cenedlaethol dros ryddid i genhedloedd sy'n ddibynnol ar eraill a than ormes.

Yn fwy na hynny, roedd gan Lenin neges i sosialwyr gwledydd megis Prydain Fawr:

> Nid yw Sosialydd mewn cenedl ormesol nad yw'n gwneud propaganda o blaid arwahanrwydd mewn amser heddwch a rhyfel yn Sosialydd nac yn Rhyng-genedlaetholwr, eithr yn Siofinist y mae ei ymlyniad wrth gydraddoldeb yn rhagrith pur.

Pe buasai Lenin wedi cael byw am ddeng mlynedd arall hwyrach y buasai wedi dylanwadu ar agwedd adweithiol sosialwyr Lloegr a Chymru at hunanlywodraeth i Gymru, hithau'n 'genedl ddibynnol ar arall a than ormes'. Fel y mae, onid yw'r sosialwyr hyn, a wrthwynebodd y mesur lleiaf o ddatganoli, heb sôn am 'arwahanrwydd', yn gynwysedig yn niffiniad Lenin o Siofinist?

Yn nechrau 1918, gyda chymorth milwyr Rwsiaidd, cydiodd sosialwyr Y Ffindir yn y llywodraeth trwy *coup d'etat*. Gan i hyn roi cyfle i'r Almaenwyr anfon byddin i'r wlad i gefnogi'r gwrthsosialwyr, aeth yn rhyfel cartref gwaedlyd, rhyfel a enillwyd gan y gwrthsosialwyr, gwledig gan mwyaf, o dan arweiniad yr elfen Swedaidd. Enwebodd y buddugwyr gefnder y Kaisar yn frenin. Buddugoliaeth y Cynghreiriaid a achubodd y wlad rhag mynd yn deyrnas byped a ddibynnai ar Yr Almaen. Golygodd hynny fod Y Ffindir yn dechrau ei gyrfa fel gwlad annibynnol o dan amgylchiadau anodd iawn. Roedd degau o filoedd o'i phobl mewn gwersyll-garcharau a miloedd eraill yn alltud yn Rwsia, ei bywyd economaidd wedi ei ddryllio, ei masnach wedi ei dinistrio, a rhaniadau dwfn yn hollti'r genedl. Cyn bo hir ychwanegodd dirwasgiad mawr 1929-32 at yr anawsterau.

Serch hynny, roedd Y Ffindir, bellach, yn wlad rydd. Roedd ganddi lywodraeth i ymgodymu ag enbydrwydd ei sefyllfa. Felly, pan drawyd hi gan y dirwasgiad economaidd byd-eang, ni ddioddefodd agos cymaint â Chymru. Cynyddodd nifer y rhai di-waith, do, ond ni fu canran y di-waith yn Y Ffindir yn fwy na'r degfed ran o'r canran yng Nghymru. Yng Nghymru fe gynyddodd y nifer o rai di-waith i 38%, y ffigur gwaethaf yn Ewrop gyfan o lawer; ac yr oedd yn uwch ym Môn a Cheredigion nag ym Morgannwg. Cenedl heb lywodraeth, yn rhan o Loegr, oedd Cymru. Unig feddyginiaeth Llywodraeth Llundain oedd symud y Cymry i Loegr lle'r oedd gwaith i'w gael. O dan y polisi hwn, polisi a alwyd yn *'transference of labour'*, fe symudwyd bron i hanner miliwn o Gymry o'u gwlad, ond hyd yn oed wedyn roedd cyfartaledd y di-waith ddengwaith yn uwch nag yn Y Ffindir. Pan ddaeth yr Ail Ryfel Byd, pydrai pedwar o bob pump gweithiwr ar y dôl mewn mannau fel Dowlais. Ynghanol trueni eu bywyd erydwyd urddas y bobl ymhellach gan agwedd ffilistaidd y Blaid Lafur, a reolai'r cymunedau diwydiannol, at dreftadaeth genedlaethol eu gwlad.

Tra oedd Llywodraeth Llundain yn caniatáu'r anrheithio enbyd hwn ar fywyd Cymru cryfhawyd pob gwedd ar fywyd Y Ffindir dlawd o dan arweiniad ei Llywodraeth ei hun. Dosbarthai'r tir ymhlith y werin; datblygai heidro-drydan; llewyrchai diwydiant, yn arbennig diwydiannau seiliedig ar goed; ffynnodd amaethyddiaeth a chymdeithasau cydweithredol. Arwydd o'u hunanddisgyblaeth benderfynol oedd difodi rhan fawr o'r fasnach ddiodydd alcoholaidd a fuasai'n gymaint o felltith, gan ostwng yfed, yn ôl y pen, i chweched ran y raddfa Brydeinig. Erbyn 1937 dilewyd diweithdra bron yn llwyr a châi mwyafrif mawr swyddi cyfrifol y wlad eu llanw gan bobl a siaradai Ffinneg. Yn y Brifysgol, a fuasai'n gwbl Swedeg, un o bob chwech yn unig o'r myfyrwyr oedd bellach yn ddi-Ffinneg. Cododd cyfartaledd siaradwyr Ffinneg y wlad o 86% ym 1850 i 94% ym 1980; yng Nghymru syrthiodd y siaradwyr Cymraeg o tua 85% ym 1850 i 19% ym 1980.

* * * * * *

Dygodd yr Ail Ryfel Byd waith, a rhywfaint o lewyrch economaidd, i Gymru er iddo wanhau ei chenedligrwydd a'i diwylliant ymhellach. Gwae a dinistr a ddygodd i'r Ffindir, a ddaliwyd mewn gwasgfa enbyd rhwng Yr Undeb Sofietaidd a'r Almaen. Gan mai ychydig filltiroedd o fôr oedd rhwng Y Ffindir a St.Petersburg (Leningrad) ofnai Rwsia y câi'r Ffindir ei defnyddio fel man cychwyn ymosodiad ar Yr Undeb Sofietaidd. Gan hynny, dygodd beth tir Ffinaidd a gosod byddin o filwyr arno, fel y gwnaeth yn Estonia, Latfia a Lithwania. Pan wrthwynebwyd hynny gan y Ffiniaid, a oedd am gadw eu niwtraliaeth, ymosododd Rwsia arni. Eithr am ddau fis enillodd y Ffiniaid gyfres o fuddugoliaethau disglair. Profodd nerth enfawr Rwsia yn ormod yn y diwedd, fodd bynnag, a bu'n rhaid cytuno ar delerau heddwch chwyrn. Gosodwyd garsiwn Rwsaidd mawr yn ymyl Helsinki; collwyd Petsamo, yr unig borthladd a oedd yn ddi-rew trwy'r flwyddyn; meddiannwyd y dalaith a wynebai Leningrad ac a gynhwysai Viipuri, ail ddinas fwyaf Y Ffindir o ran maint. O ganlyniad i hyn bu'n rhaid ailgartrefu bron i hanner miliwn o ffoaduriaid na fynnai fyw o dan reolaeth Sofietaidd. Nid yn annisgwyl, gyrrwyd Y Ffindir i gylch dylanwad Yr Almaen gan y profiad chwerw hwn, a phan ymosododd Yr Almaen ar Yr Undeb Sofietaidd yn y flwyddyn ganlynol fe'i cefnogwyd gan Y Ffindir, a gyrrwyd y Rwsiaid o'i thir. Dychwelodd y ffoaduriaid.

Bu'r Ffindir yn gwbl ddibynnol ar Yr Almaen yn ystod y rhyfel, a lladdwyd 86,000 o Ffiniaid ynddo. Serch hynny, ni lwyddwyd i greu mudiad ffasgaidd yn y wlad na'i pherswadio i erlid yr Iddewon. Ond pan yrrwyd yr Almaenwyr o gyffiniau Leningrad roedd safle strategol Y Ffindir yn amhosibl i'w amddiffyn. Bu'r anrhaith yng ngogledd y wlad yn arbennig o ddinistriol. Unwaith yn rhagor bu'r telerau heddwch yn galed. Collwyd Petsamo eto, y porthladd di-rew, a chollwyd yn barhaol dalaith gyfoethog Viipuri. Collasai'r Ffindir ddwy ran o dair o'i llongau yn ystod y rhyfel; yn awr bu'n rhaid trosglwyddo rhan dda o'r gweddill i'r Undeb Sofietaidd, a fynnodd gael rhan o'r iawndal (hynod o drwm) mewn nwyddau yn hytrach nag arian. Bu'n rhaid talu mewn coed a chynnyrch diwydiannol yn ogystal ag mewn nwyddau gorffenedig. Golygai hyn golli marchnadoedd. Er mai buddugwr yn y rhyfel oedd Prydain, dioddefodd Cymru yn yr un ffordd yn y cyfnod hwn, fel y gwnaeth ar ôl y rhyfel cyntaf hefyd. Pan orfodwyd Yr Almaen i dalu rhan o'r iawndal i Ffrainc mewn glo, collodd glo Cymru ei hen farchnad fawr Ffrengig yn llwyr; taflwyd miloedd o lowyr Cymru ar y dôl o'r herwydd. Ar ben colledion a dyledion Y Ffindir, a'r straen seicolegol a gwleidyddol a ddilynai ei gorchfygiad, roedd yn rhaid iddi ailgartrefu pum can mil o bobl ddigartref.

Er hynny, a hithau'n byw o dan gysgod trwm Yr Undeb Sofietaidd, gyda 778 milltir o ffin rhwng y ddwy wlad, mewn chwarter canrif roedd safon byw Y Ffindir yn uwch na'r safon byw yng Nghymru ac yr oedd ei hiaith a'i diwylliant mewn safle anhraethol gryfach nag oeddynt yn yr henwlad hon. Y mae gan Y Ffindir fel gwlad urddasol a ffyniannus, gyfraniad gloyw i'w wneud i wareiddiad Ewrop ac i'r bywyd cydwladol tra mae Cymru'n dadfeilio fel rhanbarth ymylol o Loegr.

* * * * * *

Wedi mil o flynyddoedd o ddarostyngiad a thrigain mlynedd o ryddid cenedlaethol, pa fath o wareiddiad a greodd y Ffiniaid iddynt eu hunain? Y mae tua pedair miliwn a hanner ohonynt, llai na phoblogaeth Yr Alban. Nodweddir eu bywyd, yn ôl y sylwedyddion oll, gan lendid—glendid tref a chartref, gwesty a llong, a glendid corfforol. Cyplysir glendid corff â hoffter o ymarfer corfforol yn yr awyr agored. Treuliant oriau meithion yn yr awyr iach haf a gaeaf. Byr iawn yw eu haf ond gwnânt y gorau ohono. Yn ystod y gaeafau hirion y mae hanner y boblogaeth yn sgïo. Disgleiriant mewn athleteg. Mae'n arwyddocaol fod y *sauna,* y baddon ager, yn sefydliad Ffinaidd unigryw, mor nodweddiadol Ffinaidd ag yw canu penillion i Gymru. Arwydd o'u diffyg mursendod yw ei bod yn arfer cyffredin i wŷr a gwragedd ymdrochi'n noethlymun mewn llyn a môr. Trewir ymwelwyr hefyd gan onestrwydd a charedigrwydd y bobl.

Erbyn hyn fe integreiddiwyd y deg y cant o Swediaid yn llwyr; mwynhânt hawliau cydradd ymhob dim a bellach y maent yn elfen o nerth i'r genedl. Y mae i wragedd statws uchel; nid damwain yw'r ffaith mai'r Ffindir fu'r wlad annibynnol gyntaf i roi'r bleidlais i ferched, er i'r Wladfa Gymreig ym Mhatagonia roi'r bleidlais i ferched deunaw oed gant ac ugain o flynyddoedd yn ôl. Yng Nghymru heddiw dim ond un aelod seneddol o ferch sydd gennym; yn Y Ffindir y mae traean o'r aelodau'n ferched. Merched yw dwy ran o dair o'r myfyrwyr prifysgol yno. Y mae cyfartaledd uchel o ferched mewn swyddi cyfrifol ym myd busnes a gweinyddiaeth. Mae 82% o ddeintyddion yn ferched. Yn ddiweddar beirniadodd y Prif Weinidog

Seisnig, Margaret Thatcher, y sefyllfa hon, sefyllfa sy'n peri bod mamau'n cael cyn lleied o blant a bod hynny'n arwain at leihad yn y boblogaeth. Sut bynnag, rhyngddynt â'i gilydd, creodd y Ffiniaid drefn sydd gyda'r mwyaf democrataidd yn y byd. Hi yw'r unig wlad ar ffin Ewropeaidd Yr Undeb Sofietaidd nad yw'n gomiwnyddol.

Cafodd y Ffiniaid, ar gam, yr enw o fod yn yfwyr trwm. Y gwir yw eu bod yn yfed llai na'r mwyafrif mawr o wledydd, ac yn yfed llawer llai na rhai. Yn ôl ffigurau a gyhoeddwyd ym 1988 yfant 5.9 litr o alcohol y pen y flwyddyn. Y mae hyn yn fwy na Norwy a Sweden, Japan a'r Undeb Sofietaidd, ond yn llai na Phrydain (7.1), Y Swistir (10.8), Gorllewin yr Almaen (11.3), Hwngari (12.3), Dwyrain yr Almaen (13.4) a Ffrainc (13.9).

Yn weithwyr caled a mentrus, a chyda medr busnes a feithrinwyd gan yr elfen Swedaidd yn eu plith, modern-eiddiodd y Ffiniaid eu cymdeithas ar sail eu cenedligrwydd, gan greu sylfaen economaidd gadarn i'w gwareiddiad, er na fu ganddynt ddim tebyg i'r cyfoeth adnoddau naturiol a gaed yng Nghymru. Ar ôl ennill eu rhyddid prysurodd y broses o ddiwydiannu'r wlad, proses a ddechreuodd ganrif ynghynt yng Nghymru am ei bod mor gyfoethog mewn mwynau fel glo, haearn a chopr. Bellach y mae mwyafrif mawr o bobl Y Ffindir, er eu bod bron yn gwbl wladaidd ganrif yn ôl, yn byw mewn trefi. Glo fu prif sail llwyddiant economaidd gwledydd gorllewin Ewrop. Nid oes glo o gwbl yn Y Ffindir a fawr ddim mwynau o fath yn y byd. Yr hyn sydd ganddi yw coed, er na all symud hwnnw dros ddŵr yn y gaeaf pan rewa afon, llyn a môr. Y mae 65% o'r wlad yn fforest; dim ond 7% o'r wlad sy'n dir amaethyddol. Dywedir bod digon o goed yn tyfu yno i amgylchynu'r byd â mur o goed tair troedfedd o uchder a thair o led. Coed yw sylfaen rhan fawr o'i diwydiannau—papur, pwlp, celfi ac ati. Un wlad yn y byd yn unig sy'n allforio mwy o bapur a byrddau na hi. Ceir diwydiannau metel a pheiriannol ynddi. Adeiledir trenau a sawl math o longau, gan gynnwys llongau torri rhew a llongau moethus i gludo pobl. Mae ganddynt hefyd ffatri i wneud ceir, a reolir ar y cyd gyda Saab yn Sweden. Y mae galw trwy'r byd am grochenwaith a nwyddau gwydr Ffinaidd. Cynhyrchir llawer o drydan y wlad trwy orsafoedd heidro-drydan er bod peth trydan yn cael ei fewnforio o Sweden.

Mantais fawr i'r Ffindir yn ariannol ac economaidd oedd bod canran yr hyn a waria ar arfau rhyfel yn llai na thraean o'r hyn a werir gan Brydain, a hynny am ei bod, er byw yng nghysgod Rwsia fawr, yn rhydd o ofn niwrotig ymosodiad ar y gorllewin gan Yr Undeb Sofietaidd, y niwrosis sy'n peri bod Prydain Fawr yn gwastraffu cymaint o'i chyfoeth mewn ffordd mor beryglus ar arfau rhyfel niwcliar a chonfensiynol. Gŵyr Yr Undeb Sofietaidd trwy brofiad, yn well na'r un wlad, am ddinistr rhyfel. Lladdwyd bron cymaint o'i phobl yn y rhyfel diwethaf â chyfanswm poblogaeth pum gwlad Sgandinafia. Strategaeth amddiffynnol sydd ganddi o angenrheidrwydd. Mae hynny'n uno'r cant a mwy o genhedloedd sy'n ffurfio Ymerodraeth Rwsia, tra gallai rhyfel ymosodol yn erbyn y gorllewin chwalu ei hymerodraeth yn deilchion. Y peth olaf y mynnai'r Undeb Sofietaidd ei wneud fyddai ceisio meddiannu gorllewin Ewrop.

* * * * * *

Gan fod y creadur dynol yn ysbryd yn ogystal â chorff, y mae ansawdd diwylliant gwlad, a chymryd hwnnw yn ei ystyr ehangaf, mor bwysig i gyflawnder ei ddynoliaeth ag yw llwyddiant yr economi. Beth fu hynt y diwylliant a borthai fywyd personol mewnol y Ffiniaid? Y ffactor allweddol oedd fod ganddynt bellach gymdeithas y gallent uniaethu eu hunain â hi ac ymfalchïo ynddi. Cafodd hyn effaith wefreiddiol ar eu hysbryd creadigol. Gweddnewidiwyd ansawdd eu bywyd. Amlygwyd doniau artistig rhyfeddol. Cyfeiriais at werth economaidd y crochenwaith a'r gwaith gwydr, sy'n adnabyddus trwy'r byd oherwydd ei ddyluniad. Gwelir yr un ddawn ddylunio yn ei chelfi a'i gemwaith.

Ond yn ei phensaernïaeth, sydd gyda'r mwyaf dychmygus a chynhyrfus yn y byd, y mae hi amlycaf. Y mae'n destun syndod fod gwlad sydd ar ffin ogleddol tiriogaeth gyfaneddol y byd yn enwog am ei phensaernïaeth, sy'n gelfyddyd a lewyrchodd mewn hen ganolfannau dinesig hanesyddol. Plentyn y deffroad cenedlaethol yw ei phensaernïaeth. Dywedodd Dewi-Prys Thomas mewn erthygl a sgrifennwyd ddeugain mlynedd yn ôl: "ni bydd llewyrch ar bensaernïaeth ac adeiladwaith ein gwlad tra pery'n wlad gaeth". Er bod yn rhaid i bensaernïaeth fod yn gydgenedlaethol, meddai, tynn ei hysbrydoliaeth, i raddau mawr, o nodweddion cenedl. Profwyd hynny gan ei greadigaeth wych ei hunan ym mhencadlys Cyngor Gwynedd.

Yn Y Ffindir defnyddiwyd pensaernïaeth fel offeryn i greu hunaniaeth i'r genedl yng ngolwg y byd. Yng nghyfnod y Rwsianeiddio bu motifau cenedlaethol yn ddull o wneud protest wleidyddol, ac am genhedlaeth gyfan motifau cenedlaethol oedd amlycaf ym mhensaernïaeth y wlad. Tynnwyd ysbrydoliaeth o'r traddodiad gwerinol, a pharhaodd y *Kalevala* i gynhyrfu'r wlad. Fel yng ngherdddoriaeth Sibelius, roedd cymeriad tirluniol y wlad hefyd yn ddylanwad aruthrol o fawr. Bu i'r Ffiniaid bob amser ymwybod â bywyd fel gornest yn erbyn natur neu gydweithrediad clòs â hi; roedd hynny'n amlwg yn y *Kalevala*. Rhoes hynny i bensaernïaeth Y Ffindir yr un math o ansawdd organig ag a geir yng ngwaith Frank Lloyd Wright a oedd mor falch o'i dras Gymreig. Nodweddir ei waith ef gan gydymdeimlad dwfn â natur, ac ymdodda ei adeiladau i bosibiliadau eu lleoliad, gan roi'r argraff, weithiau, eu bod yn tyfu allan o'r byd naturiol o'u cwmpas. Y mae hyn yn nodweddu llawer o bensaernïaeth Ffinaidd hefyd. Yn naturiol y mae cysylltiad agos rhyngddo â choed, sy'n elfen mor bwysig yn economi'r wlad yn ogystal â bod yn nodwedd amlycaf ei thirlun. Ac adlewyrcha pensaernïaeth Y Ffiniaid eu cymeriad annibynnol a'u hymwrthod parhaus â safle diwylliannol a'u gwnâi'n atodiad i allu mawr cymdogol. Wrth gwrs cyfrannodd dylanwadau cydwladol a chlasurol tuag at sinthesis eu harddull genedlaethol nodedig. Cydnabyddir ei rhagoriaeth trwy'r byd a gwelir gwaith penseiri Ffinaidd mewn llawer gwlad.

Ym myd cerddoriaeth hefyd cyrhaeddodd y Ffiniaid yr uchelderau, a'r mudiad a'r traddodiad cenedlaethol fu'r ysbrydoliaeth yn y maes hwn hefyd. Am dri chwarter canrif, o ganol y ganrif ddiwethaf ymlaen, ysbrydolwyd y cerddorion gan themâu o'r *Kalevala* a'r alawon gwerin niferus. Canlyniad y deffroad cenedlaethol oedd agor coleg cerdd ym 1882 yn Helsinki, Academi Sibelius bellach, a sefydlu cerddorfa simffoni yn yr un flwyddyn. Dyma'r ddau sefydliad a wnaeth fwyaf i ysgogi datblygiad cerddoriaeth; dyma gefndir datblygiad Sibelius a oedd yn ei arddegau pan gawsant eu sefydlu. Ni chafodd cerddorion Cymru fantais disgyblaeth gynnar fel hon. Gweithiai Joseph Parry mewn pwll glo yn ddeg oed ac mewn gwaith haearn yn ddeuddeg oed. Canai alto yng nghôr Rosser Beynon, yntau'n gyfansoddwr a ddechreuodd weithio yn y gwaith haearn yn wyth oed, dair blynedd cyn gwrthryfel Merthyr Tudful.

Erbyn heddiw y mae 46 coleg cerd yn Y Ffindir. Cynhyrchwyd ynddynt nifer o gyfansoddwyr da y perfformir eu gwaith trwy wledydd y gorllewin. Y mwyaf ohonynt yw Sibelius, (edmygwr mawr o'r Eisteddfod Genedlaethol, gyda llaw) un o gyfansoddwyr simffonig mwyaf y byd a'r bersonoliaeth gerddorol gryfaf a ddeilliodd o wledydd Llychlyn. Ystyrir Sibelius, a fu byw ei fywyd ar ei hyd yn Y Ffindir, mewn cartref gwledig ddeng milltir ar hugain o Helsinki, nid yn unig yn gyfansoddwr mawr ond yn genedlaetholwr mawr a ddeffrôdd wladgarwch ei bobl ac a ddygodd fri ar enw'r Ffindir trwy'r byd. Ar y dôn 'Finlandia' o waith Sibelius y cenir emyn cenedlaethol mawr Lewis Valentine:

Dros Gymru'n gwlad, O! Dad dyrchafwn gri,—
Y winllan wen a roed i'n gofal ni:
D'amddiffyn cryf a'i cadwo'n ffyddlon byth,
A boed i'r gwir a'r glân gael ynddi nyth;
Er mwyn dy Fab a'i prynodd iddo'i hun,
O! crea hi yn Gymru ar dy lun.

O! deued dydd pan fo awelon Duw
Yn chwythu eto dros ein herwau gwyw,
A'r crindir cras dan ras cawodydd nef
Yn erddi Crist, yn ffrwythlon iddo Ef;
A'n heniaith fwyn â gorfoleddus hoen
Yn seinio fry haeddiannau'r addfwyn Oen.

Er i Sibelius ac eraill wneud cerddoriaeth offerynnol Y Ffindir
yn adnabyddus, ac er i rai o'i harweinyddion cerddorfaol ennill
bri cydwladol, fel cantorion y daeth y Ffiniaid yn fwyaf
adnabyddus, ac i'w corau lluosog trwy'r wlad y taflant eu
hegnïon cerddorol yn bennaf. Yn hyn o beth fe ymdebygant i'r
Cymry. Y mae bron cynifer o selogion yn y corau yno ag sy'n
perthyn i'r llu cwmnïau drama sydd yn Y Ffindir. Daeth nifer
o'r cantorion a'r corau yn adnabyddus mewn gwledydd
tramor. Y mae ganddynt le hefyd i fod yn falch o'u cwmni
opera cenedlaethol a sefydlwyd ym 1919, ac o'r tŷ opera a god-
wyd gyntaf fel theatr Rwsiaidd yn Helsinki ym 1879. Bryd
hynny roedd Joseph Parry yn cyfansoddi ei opera 'Blodwen' a'i
oratorio 'Immanuel'. Pe buasai gan Gymru ei llywodraeth ei
hun diau y buasai ganddi hithau hefyd ei thŷ opera, a byddai
caredigion opera yn tyrru i Gaerdydd o wledydd Ewrop, canys
ystyria llawer mai côr Cwmni Opera Cenedlaethol Cymru yw'r
gorau yn Ewrop, y tu allan i Milan.

Soniais am boblogrwydd actio. Rhyfedd fel yr ymdafla pobl
mor dawedog â'r Ffiniaid i fyd y ddrama. "Bu'r rhan fwyaf o'm
cabinet ar y llwyfan," meddai un Prif Weinidog, a hawdd credu
hynny canys y mae'r wlad yn frith o gwmnïau amatur. Y mae'r
theatr broffesiynol hefyd yn dra llewyrchus. Ceir deuddeg
theatr broffesiynol yn Helsinki, dinas tua dwywaith maint
Caerdydd. (Y mae'n arwyddocaol fod pensaernïaeth y Theatr
Ddinesig wedi ennill cydnabyddiaeth gydwladol.) Y mae

deugain cwmni proffesiynol yn y wlad ac y mae gan nifer o gwmnïau amatur eu haelodau proffesiynol. Amcangyfrifir bod tua hanner poblogaeth y wlad yn mynd i'r theatr o leiaf unwaith y flwyddyn.

O lenyddiaeth y daw i genedl ddelwedd ohoni'i hunan, fel arfer. Pan gyfansoddwyd llenyddiaeth Ffinaidd am y tro cyntaf ganol y ganrif ddiwethaf, dair canrif ar ddeg ar ôl oes Taliesin, roedd creu delwedd genedlaethol yn rhan angenrheidiol o'i swyddogaeth, yn ogystal â chyrchu tuag at ymwybyddiaeth o genedligrwydd llawn ac annibynnol. Hyd at hynny, mewn Swedeg y sgrifennai'r Ffiniaid a gafodd addysg, canys, fel y gwelsom, Swedeg oedd iaith ysgol a phrifysgol, iaith cyfraith a gweinyddiaeth, ac yr oedd y Swedeg yn amod penodiad i swydd gyflogedig. Yn rhyfedd iawn, ymgorffori'r Ffindir yn Rwsia a arweiniodd at newid y sefyllfa hon. Gwnaethpwyd y wlad yn Ddugiaeth, ac felly yn endid ar wahân ac iddi ffiniau clir. Cyn hynny ni fu ymdeimlad o genedligrwydd ymhlith y Ffiniaid, ond wedi hynny daeth yr ymchwil am hunaniaeth genedlaethol yn rheidrwydd seicolegol i bobl ddiwylliedig a gwleidyddol y wlad. Swedeg oedd iaith y dosbarth hwn. Dim ond rhyw ddau y cant o'r boblogaeth a berthynai i'r dosbarth, rhywbeth tebyg i nifer bonedd di-Gymraeg Cymru, ond roedd yn gwbl wahanol yn ei ymateb i ymateb bonedd di-Gymraeg Cymru i'n sefyllfa genedlaethol ni. Deffrowyd y rhain gan y *Kalevala;* ac fe'u hargyhoeddwyd bod y Ffiniaid yn rhywbeth amgen na phobl amrwd, di-ddiwylliant. Taflodd y *Kalevala* gysgod diwylliant hynafol dros y werin ddi-ddysg. Dechreuwyd eu parchu a'u rhamanteiddio fel pobl o athrylith ysbrydol. At hyn, canodd Runeberg yn gynhyrfus am ddewrder milwyr Y Ffindir. Meithrinwyd urddas a hunan-barch newydd yn y wlad, a pharatôdd hynny'r tir ar gyfer twf y mudiad cenedlaethol. Yn fuan iawn daeth y Ffiniaid yn ymwybodol eu bod yn genedl a bod ganddyn nhw gymdeithas y gallent ymfalchïo ynddi. Eu cenedl a gafodd eu teyrngarwch, ac yn fwyfwy felly fe ewyllysient iddi lawnder bywyd. Mewn geiriau eraill, yr oeddynt yn datblygu fel cenedlaetholwyr. Adnewyddwyd einioes y wlad a helaethwyd bywyd personol ei phobl.

Dyrchafu'r iaith Ffinaidd i safle iaith lenyddol gydradd â'r Swedeg oedd camp bwysicaf y deffroad cenedlaethol. Sefydlwyd Ffinneg fel iaith swyddogol y wlad; roedd yn sylfaen i'w haddysg ac yn gyfrwng a deunydd ei meddwl. Ennill y safle hwn i'w hiaith genedlaethol a roes hyder i'r Ffiniaid gyflawni eu campau rhyfeddol o ran gwleidyddiaeth, yr economi a diwylliant. Dwyn safle breiniol y Gymraeg oddi arni gan Ystatud Ymgorffori 1536 a gwthio'r iaith i safle israddol, hynny a ddinistriodd hyder y Cymry a phlannu ynddynt gymhleth y taeog a'u troes yn efryddion moesol.

Roedd gan Y Ffindir feddwl cenedlaethol, a'r Ffinneg a greodd hwnnw. Oni bai am yr orchest ieithyddol hon ni fyddai'r Ffindir heddiw yn mwynhau rhyddid politicaidd a llewyrch economaidd a diwylliannol. Pan ddechreuodd y mudiad cenedlaethol fagu nerth yng nghanol y ganrif, mewn Swedeg y câi fynegiant. Y pryd hwnnw nid oedd y Ffinneg namyn casgliad o dafodieithoedd. Nid oedd yn iaith lenyddol. Beirdd a llenorion Swedeg eu hiaith a ddeffrôdd falchder cenedlaethol y Ffiniaid. Digwyddodd rhywbeth tebyg yn Iwerddon; Saesneg oedd iaith *Young Ireland,* yn Saesneg y canai Thomas Davis a Clarence Mangan, ac yn Saesneg y sgrifennai Yeats, Synge a Patrick Colum a ddysgodd i Saunders Lewis am y tro cyntaf beth oedd gwladgarwch ac ysbryd cenedl. Prysured y dydd pan fydd beirdd a llenorion Eingl-Gymreig yn deffro gwladgarwch Cymreig a theyrngarwch i'n cenedl ni.

Prin fod y deffroad Ffinneg yn bymtheg oed, a Daniel Owen yn sgrifennu am gymeriadau *Straeon y Pentan* ar y pryd, pan fu ffrwydriad llenyddol gyda chyhoeddi'r nofel a'r ddrama fwyaf a gyfansoddwyd mewn Ffinneg. Ni ragorwyd eto ar waith Aleksis Kivi, gŵr ifanc a fu farw mewn gwallgofdy yn 36 oed. Fel y neidiodd y *Kalevala* yn sydyn i'r ymwybyddiaeth Ffinaidd fel darn mawr o lenyddiaeth aeddfed, ddatblygedig, felly y bu gyda champweithiau Kivi. Mor ddisymwth â hynny y ganed y

Ffinneg fel iaith lenyddol. Ac fel y cynyddodd addysg trwy gyfrwng y Ffinneg o dan bwysau'r mudiad cenedlaethol yn ystod degawdau olaf y ganrif, datblygodd llenyddiaeth frodorol, gan roi hwb grymus i'r cenedlaetholdeb a esgorodd arni. Ymddangosodd llyfrau lu a phapurau newydd a chylchgronau Ffinneg eu hiaith. Heddiw cyhoeddir mwy na deucant o bapurau newydd a thua pedwar cant o gyfnodolion mewn Ffinneg, yn ogystal ag ugain papur ac ugain cylchgrawn Swedaidd eu hiaith a thua cant o gylchgronau dwyieithog—canys integrwyd yr elfen Swedaidd yn llwyr yn y genedl Ffinaidd bellach. Hyn mewn gwlad sy'n llai ei phoblogaeth na'r Alban. Fel y datblygodd ei llenyddiaeth, cyfieithwyd nifer cynyddol o'i nofelau i ieithoedd eraill. Darllenwyr mawr yw'r Ffiniaid. Parchant lenorion. Mae'n arwyddocaol fod mwy o gerfluniau o feirdd a llenorion yn y brifddinas nag o wleidyddion. A ellir dychmygu sefyllfa debyg yng Nghaerdydd? Faint o gerfluniau o lenorion Cymru a welir ar sgwariau, parciau a strydoedd ein prifddinas ni?

* * * * * *

Ganrif a hanner yn ôl, pobl dlawd, cwbl wledig oedd y Ffiniaid, heb ddiwydiant, heb iaith lenyddol a heb ymwybyddiaeth genedlaethol, yn byw ar wasgar trwy wlad enfawr a oedd yn rhan o Rwsia, a'i llywodraeth fewnol yn nwylo'r elfen aristocrataidd Swedaidd a oedd yn byw yn eu plith ers yr Oesoedd Canol. Cymaint o syndod fu'r datblygiad a welodd y tair cenhedlaeth olaf. Ers mwy na chenhedlaeth y mae'r Ffindir yn un o wledydd mwyaf llewyrchus Ewrop a'r byd, ei safon byw yn uchel a'i diweithdra'n isel, ei hiaith a'i diwylliant cenedlaethol yn ffynnu. Ymunodd â'r cwmni o genhedloedd bach yng ngogledd Ewrop a gyfrannodd fwy at ddatblygiad bywyd modern na gwledydd anferthol eu maint fel Yr Almaen a'r Deyrnas Unedig. Trawiadol yw'r gymhariaeth â Chymru, sy'n llusgo byw mewn caethiwed gwleidyddol, heb ronyn o reolaeth dros ei bywyd, heb lwyddo i foderneiddio'i bywyd ar sail ei chenedligrwydd ac felly heb economi a ddatblygwyd i wasanaethu ei chymdeithas genedlaethol, ei hiaith yn cilio a'i diwydiant yn breuo, gyda chant a hanner o filoedd o'i phobl heb waith, ugeiniau o filoedd yn llifo i Loegr bob blwyddyn ac ugeiniau o filoedd o Saeson yn dylifo i mewn i'w thiriogaeth hanesyddol.

Pam y gwahaniaeth syfrdanol hwn rhwng dwy genedl fach? Pam y mae'r naill yn rhydd a llewyrchus a'r llall yn gaeth a diraen?—un yn creu amodau datblygiad ei threftadaeth a'r llall yn eu hesgeuluso'n daeog a diurddas; Y Ffindir yn ymdaflu i'r bywyd cydwladol ac yn croesawu rhai o gynadleddau pwysica'r byd a Chymru'n bodloni ar waradwydd ei bywyd taleithiol, cul? Yn sicr, nid am i'r Ffiniaid gael mwy o fanteision hanesyddol na'r Cymry. Fil o flynyddoedd yn ôl, pan oedd y Cymry'n byw o dan reolaeth eu cyfraith a'u brenhinoedd eu hunain ac yn derbyn Iesu fel eu Harglwydd, roedd y Ffiniaid yn byw bywyd cyntefig mewn gwlad o fforestydd maith heb glywed am yr Efengyl Gristnogol. Yn ystod y cyfnod o ddwy ganrif o ryfela arwrol ar ran y Cymry yn erbyn y Normaniaid y cymerodd y Swediaid feddiant o'r Ffindir. Parhaodd eu rheolaeth yn ddiwrthwynebiad am saith canrif. Yn oes Rhyfel Annibyniaeth Glyndŵr gorweddai'r Ffindir yn dawel o dan yr iau.

Nid am fod gan Y Ffindir adnoddau naturiol cyfoethocach na Chymru y llwyddodd hi ychwaith. "Mae ein gwlad yn dlawd, fel yna bydd," meddai Runeberg yn yr anthem genedlaethol. Bu Cymru yn anhraethol gyfoethocach mewn adnoddau naturiol. Ni lwyddodd chwaith oblegid bod y wlad yn fwy prydferth; pa wlad sy'n fwy cyfareddol na Chymru? Ac nid o achos bod ei safle daearyddol yn ddelfrydol; digon yw dweud bod 778 milltir o ffin rhwng Y Ffindir a'r Undeb Sofietaidd, er bod yn rhaid cydnabod na fu gormes Rwsia a Sweden yn Y Ffindir agos mor llethol â gormes Lloegr yng Nghymru.

Ffactor o bwys yn llwyddiant Y Ffindir yw cyn lleied y mae'n ei wario ar arfau rhyfel, a dim wrth gwrs ar arfau niwcliar, er ei bod yn ffinio â Rwsia. 1.5 % o'i chynnyrch cenedlaethol a werir ar amddiffyn milwrol o'i gymharu â'r pump y cant a waria Prydain. Hynny yw, gwaria Prydain ar gyfartaledd dros deirgwaith cymaint â'r Ffindir o'i chynnyrch cenedlaethol ar arfau rhyfel. Prydain sy'n gwario'r cyfartaledd uchaf ar amcanion milwrol o ddeuddeg gwlad y Gymuned Ewropeaidd, a hi sy'n gwario leiaf o'r deuddeg ar iechyd. Tanlinella hyn y drwg a wna'r gwladwriaethau mawrion a'r pwysigrwydd o gael unedau llai. Po fwyaf yw'r wlad, mwyaf treisgar yw ei natur a mwyaf yw'r rhyfeloedd a ymladda. Y mae'r Almaen yn enghraifft drawiadol o'r gwirionedd hwn. Am saith can mlynedd, rhwng y ddeuddegfed ganrif a'r bedwaredd ganrif ar bymtheg, roedd ugeiniau o wledydd bach Almaenaidd. Yn ystod y canrifoedd hynny cymerasant ran mewn llai o ryfeloedd nag unrhyw bobl eraill yn Ewrop. Eithr wedi eu huno yn un wladwriaeth anferth yr Almaenwyr oedd pobl fwyaf rhyfelgar Ewrop; hwy fu'n bennaf gyfrifol am ddau ryfel byd catastroffig. Yn yr un modd y mae Prydain Fawr yn ymbaratoi i ddefnyddio trais diderfyn. Pan fo'r U.D. a'r Undeb Sofietaidd yn fodlon torri eu harfau niwcliar strategol i'r hanner, a phan fo Reagan a Gorbachev yn datgan eu hawydd i weld dileu arfau niwcliar erbyn diwedd y ganrif, y mae Prydain yn lluosogi ei grym dinistriol niwcliar lawer gwaith drosodd. Y mae'n paratoi i lofruddio, os bernir bod yr amgylchiadau'n gofyn hynny, ugeiniau o filiynau o blant a'u mamau a'u tadau, eu neiniau a'u teidiau, pob un yn ddiniwed a phob un o werth anfeidrol. A ellir dychmygu Cymru ymreolus yn hybu'r fath anfadwaith cythreulig?

Ni esbonir y gwahaniaeth rhwng cyflwr y ddwy genedl ychwaith gan ragoriaeth hinsawdd Y Ffindir. Bu'r hinsawdd, gyda'i aeaf hir a chaled, yn rhwystr mawr ar ffordd llwyddiant. Ym mhorthladd Helsinki, y brifddinas fwyaf gogleddol yn y byd, mae'r môr wedi rhewi trwy'r gaeaf. Am hanner y flwyddyn y mae gwaith ar y tir yn amhosibl; yn hinsawdd cymedrol Cymru prin bod wythnos yn y flwyddyn pan yw'n gwbl amhosibl. Amcangyfrifir bod y gaeaf Ffinaidd yn costio cymaint â chwarter cyllideb y wlad. Prin y gall neb gredu bod modd priodoli llwyddiant Y Ffindir a methiant Cymru i alluoedd naturiol rhagorach pobl Y Ffindir. Os oes un peth nad yw'r Cymry'n brin ohono, talent a gallu naturiol yw hwnnw, ac adnoddau dynol yw adnoddau pwysicaf pob gwlad; maent yn llawer iawn pwysicach nag adnoddau crai naturiol. Cynnwys yr adnoddau dynol hyn y ddawn i drefnu, sydd mor bwysig wrth lywodraethu gwlad, dawn y mae'r Cymry ymhell o fod yn amddifad ohoni. Yn union am eu bod yn meddu ar gyflawnder o'r ddawn i drefnu y galwyd y Cymry gan Renan yn 'Diwtoniaid y Celtiaid'. Ni chawsant gyfle i'w hamlygu wrth lywodraethu eu gwlad.

Na, does dim un o'r rhesymau hyn yn esbonio'r gwahaniaeth syfrdanol sydd rhwng y ddwy wlad. Y mae dau achos arall am y gwahaniaeth, un yn foesol a'r llall yn boliticaidd, a'r naill yn arwain at y llall. Oddi ar ddeffroad canol y ganrif ddiwethaf, bu'r Ffiniaid yn gwbl deyrngar i'w cenedl tra bu anheyrngarwch y Cymry i'w cenedl yn waradwyddus. Nid i'w cenedl eu hunain y rhoes y Cymry eu teyrngarwch. Lloegr neu Brydain Fawr neu'r Ymerodraeth Brydeinig a gafodd deyrngarwch mwyafrif llethol y Cymry. Teyrngarwch yw hanfod cenedlaetholdeb. Roedd y Ffiniaid yn genedlaetholwyr Ffinaidd cadarn; cenedlaetholwyr Prydeinig oedd mwyafrif mawr y Cymry. Am fod y Ffiniaid yn ffyddlon i'w cenedl ac yn benderfynol o fyw bywyd cenedlaethol llawn, mynasant greu amodau gwleidyddol ac economaidd cenedligrwydd cyflawn, ac adfer a moderneiddio'r iaith Ffinaidd, iaith anodd iawn a fu'n anysgrifenedig ac yn ddilenyddiaeth hyd ganol y ganrif ddiwethaf. Fe'i gwnaed yn iaith fwyaf ffonetig Ewrop. Hi oedd prif ffynhonnell eu hysbrydoliaeth. Heddiw y mae

Ffinneg yn iaith gwladwriaeth fodern lewyrchus. Hi yw iaith cyfraith a llywodraeth, iaith masnach a diwydiant, iaith yr ysgolion a'r prifysgolion, iaith papurau newydd a llenyddiaeth gyfoethog. Dyna gamp syfrdanol sydd yn yr un dosbarth â champ ryfeddol adfer yr Hebraeg yn Israel.

Yn ystod blynyddoedd aileni'r Ffindir ymsuddai'r Cymry fwyfwy i'r bywyd Seisnig/Prydeinig, mewn caethiwed politicaidd llwyr, gan ymwrthod â phob ymdrech i ymryddhau, a hyd yn oed gwrthod yn ddiweddar y mymryn bach o ymreolaeth y llwyddodd ei chenedlaetholwyr i'w gael o groen Llywodraeth Llundain. Beth fyddai cyflwr Y Ffindir heddiw pe bai'r Ffiniaid wedi aros yn rhan o Rwsia fel y mae'r Cymry wedi bodloni ar aros yn rhan o Loegr? Safle politicaidd y ddwy genedl, y naill yn rhydd a'r llall yn gaeth, sy'n esbonio'r gwahaniaeth yn eu cyflwr. Pe buasai'r Cymry wedi bod mor deyrngar i'w cenedl ag y bu'r Ffiniaid i'w cenedl hwy, ac wedi sefyll mor ddiymod dros ryddid cenedlaethol, byddai gennym heddiw lywodraeth i'r Cymry, gan y Cymry ac er mwyn y Cymry, gweriniaeth Gymreig a gymerai ei phriod le yn Ewrop a'r byd, gyda'r gallu sydd gan Y Ffindir i greu amodau economi a diwylliant ffyniannus.

Yn ystod y rhyfel oer ar ôl 1945, bu'n arfer gan Brydein-wyr gyfiawnhau'r arfau niwcliar a all ddinistrio pob bywyd ar y ddaear trwy ddweud eu bod yn ein hamddiffyn rhag cael ein Ffindireiddio gan Yr Undeb Sofietaidd. Fy ymateb i oedd: O na châi Cymru ei Ffindireiddio. Gwae ni o'n tynged. Ein Prydaineiddio gawsom ni.

Norwy

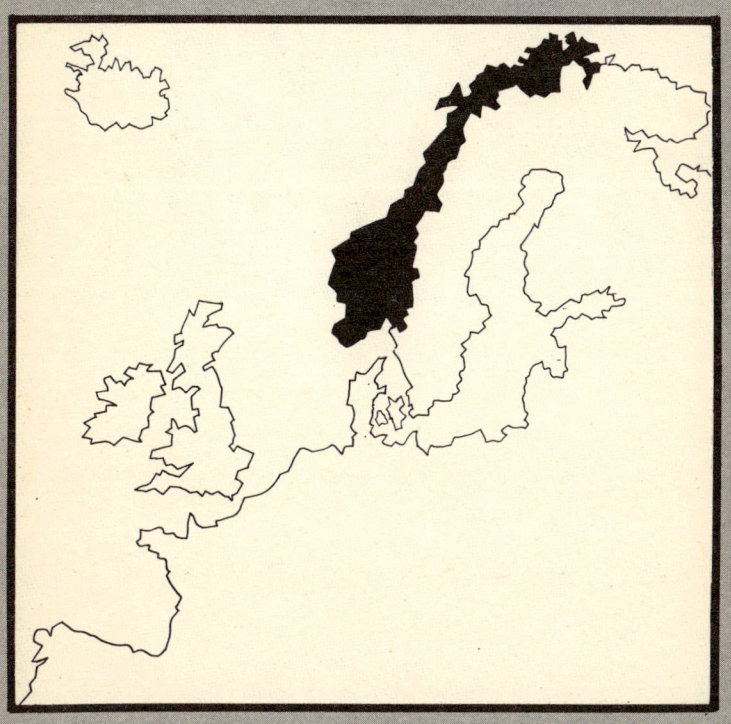

Oslo, prifddinas Norwy

Am y Ficingiaid a'u cychod heirdd y meddyliwn wrth
feddwl am hanes Norwy. Chwaraeodd y môr ran enfawr
ym mywyd ei phobl. O achos natur fynyddig y wlad—
mynydd-dir yw dwy ran o dair ohoni—doedd dim modd
teithio'n ôl ac ymlaen o'r gogledd i'r de cyn ail hanner y gan-
rif ddiwethaf dim ond dros y môr. Gallai'r siwrnai fod yn un
faith, canys o ben ucha'r gogledd hyd at Oslo ei phrifddinas
y mae'r pellter gymaint â'r pellter sydd rhwng Oslo a
Rhufain. Mesura glannau'r môr 14,000 o filltiroedd. Mewn
llawer man treiddia'r môr i mewn i'r wlad rhwng mynydd-
oedd uchel am ugeiniau o filltiroedd. Hyd y ffiord hwyaf yw
140 milltir, tua hyd Cymru. Gwna'r rhain borthladdoedd
perffaith.

Nodweddion naturiol y wlad a luniodd gymeriad
trigolion Norwy—y môr, y mynyddoedd, maint y wlad
gyda'i milltiroedd maith rhwng pentref a phentref; peryglon
naturiol, megis stormydd a lluwchwyntoedd, eirlithradau a
chraiglithradau, y rhain a greodd natur y Norwyaid. Pobl
gadarn, hunanddibynnol ac amryddawn ydynt, ond tawedog,
gyda thuedd at fod yn sarrug. Sonia'r Daniaid am ŵr yn
gofyn i un arall: "Norwyad ŷch chi?"

"Na, Daniad," meddai hwnnw, "ond bues yn dost ar
y bws."

Tua miliwn oedd poblogaeth Norwy ganol y ganrif
ddiwethaf, tua'r un boblogaeth â Chymru. Erbyn 1920
cododd i ddwy filiwn a hanner, eto'r un faint â Chymru.
Heddiw y mae'n ychydig dros bedair miliwn tra arhosodd
poblogaeth Cymru bron yn ei hunfan, er ei bod ar gynnydd

eto bellach gyda'r mewnlifiad Seisnig anferth. Y mae 80,000 o estroniaid yn byw yn Norwy; yng Nghymru y mae dros filiwn o estroniaid.

Amlygodd y Norwyaid egni arswydus yng nghyfnod y Northmyn Ficingaidd a anrheithiai wledydd Ewrop ac a fasnachai'n llwyddiannus rhwng dyddiau Rhodri Mawr a Gruffudd ap Llywelyn. Northmyn Norwy a feddiannodd hanner Iwerddon cyn canol y nawfed ganrif; nhw a'r Daniaid a sefydlodd y rhan fwyaf o ddinasoedd y wlad honno. Nhw a'r Daniaid hefyd a ddymchwelodd deyrnasoedd Mersia, Northumbria ac East Anglia; ac er i Alffred Fawr achub Wessex bu'n rhaid iddo ildio tri-chwarter Lloegr iddynt. Gorchfygodd lluoedd y Northmyn rannau helaeth o ogledd Ffrainc. O Normandi y daeth eu disgynyddion ym 1066 i oresgyn Lloegr eto. Llwyddodd rhai penaethiaid Norwyaidd i ffurfio teyrnasoedd mawr oddi mewn i'r wlad, ac yn yr unfed ganrif ar ddeg unwyd y rhan fwyaf ohoni o dan un brenin. Yn y ganrif honno y dechreuodd Cristnogaeth dreiddio'r wlad, bum canrif ar ôl cyfnod Dewi Sant. Gwnaeth yr Eglwys gynnydd mawr yn y ganrif nesaf gan sefydlu esgobaethau a chodi prifeglwysi a mynachlogydd.

Daeth y cynnydd hwn i ben gyda thair cenhedlaeth o ryfel cartref, ond wedi dyddiau'r rhyfela yn oes Llywelyn Fawr, cafwyd dwy ganrif a elwir yn Oes Aur Norwy. Y Pla Du a fu'n gyfrifol am roi terfyn arni, a'r iaith Norseg gyda hi. Credir bod y pla wedi lladd yn agos i ddwy ran o dair o'r boblogaeth. Y dosbarth uchaf a ddioddefodd waethaf oll; un esgob yn unig a oroesodd y pla. Cafodd hyn effaith enbyd ar gymeriad a diwylliant y wlad. Y canlyniad mwyaf parhaol fu diflaniad yr iaith Norwyaidd. O ganlyniad ni cheir llenyddiaeth ddiamheuol Norwyaidd cyn y bed-waredd ganrif ar bymtheg, ac ni chadwyd dim o'r hen lenyddiaeth fel y gwnaed yng Ngwlad yr Iâ. Cyhoeddwyd 1,300 o lyfrau Cymraeg yn y ddeunawfed ganrif ond dim un llyfr yn y Norseg. Yng nghanol y ganrif nesaf roedd sefyllfa lenyddol Norwy ac Iwerddon yn debyg i'w gilydd; ni chynhyrchid llenyddiaeth yn yr iaith frodorol yn y naill wlad na'r llall; darfu am y traddodiad llenyddol Gwyddelig ac ni chaed erioed lenyddiaeth yn yr hen Norwyeg na'r Norseg heb sôn am draddodiad llenyddol.

Am bedair canrif a mwy bu Norwy'n rhan gymharol ddibwys o Ddenmarc. Yn wir cyhoeddwyd yn y bymthegfed ganrif y byddai'n dalaith Ddanaidd am byth. O Copenhagen, gan frenin Denmarc, y llywodraethid hi; Daniaid ac Almaenwyr oedd ei biwrocratiaid. O Ddenmarc y llifodd llenyddiaeth Brotestannaidd Ddanaidd iddi ar ôl y Diwygiad. Copenhagen oedd canolfan ddiwylliannol Norwy. I brifysgol Copenhagen yr âi cyw offeiriaid y wlad. Adnabyddir y pedair canrif hyn fel Canrifoedd yr Angau Danaidd, a hefyd fel y Nos Pedair Canrif. Rhwng cyfnod Owain Glyndŵr ac ieuenctid Michael D. Jones roedd bywyd Norwy'n gwbl ddi-fflach. Daeth tipyn o fanteision i'w bywyd economaidd pan ddatblygodd masnachwyr Hansa, o lannau'r Baltig, borthladdoedd megis Bergen, prif borthladd gogledd Ewrop yn yr Oesoedd Canol, a'r ail ddinas o ran maint heddiw, gyda phoblogaeth o dros ddau can mil.

Milwriai maint a natur tiriogaeth y wlad yn erbyn meithrin ymdeimlad o berthyn i gymuned genedlaethol. Yng Nghymru roedd y sefyllfa'n wahanol. Bu'r wlad hon yn ddigon bach i Faelgwn Gwynedd, brenin cryfaf Prydain yn y chweched ganrif, gael ei addysg yn y de eithaf, wrth draed Illtud yn Llanilltud Fawr ym Mro Morgannwg. Yn ôl ein traddodiad, bu i Hywel Dda alw ynghyd gynulliad o Gymru gyfan yn Hendy-gwyn ar Daf i lunio corff o gyfraith i Gymru. Yn niwedd yr Oesoedd Canol teithiai'r beirdd o gwmpas y wlad, a thramwyid hi ben-baladr gan bregethwyr efengylaidd y cyfnod modern. Nid oedd yr hyn a unai Gymru'n gymuned ddiwylliannol glòs yn bosibl yn Norwy.

Ganol y bedwaredd ganrif ar bymtheg, o dan ddylanwad y cyffro yn Ewrop, bu dipyn o ystwyrian yn ysbryd cenedlaethol Norwy. Yr hyn a gyfrannodd fwyaf at ei borthi oedd casglu alawon a llên-gwerin y wlad. Yn absenoldeb iaith a llenyddiaeth genedlaethol, y rhain oedd cynnwys cyfoethocaf diwylliant Norwy. Arnynt hwy y seiliwyd llawer o gerddoriaeth Grieg, y cerddor mawr a ddaeth i olygu cymaint i Norwy ag y golygodd Sibelius i'r Ffindir a Chopin i Wlad Pwyl. Onid oes yma wers i Gymru, lle na fedd dim ond un o bob chwech o'r plant yr iaith genedlaethol? Oni ddylai ysgolion cynradd ac uwchradd Cymru sicrhau bod alawon gwerin Cymru, sy'n rhan mor wefreiddiol o'n treftadaeth genedlaethol, yn cael eu rhoi, gyda'n hemynau gorau ni, ym meddiant y plant? Gwn o brofiad personol am eu heffaith. Wrth ddysgu Cymraeg fel ail iaith dylid gofalu rhoi'r geiriau hyn ar gof y plant. Heddiw, gwrandewch ar y dorf yn ceisio canu Hen Wlad fy Nhadau cyn gêm rygbi gydwladol ac fe sylweddolwch nad yw hyd yn oed geiriau ein hanthem genedlaethol ar eu cof.

Fel gyda phob deffroad cenedlaethol, mynnodd iaith ei lle canolog ar y llwyfan. Daneg oedd iaith swyddogol y wlad. Hi oedd iaith cyfraith a masnach, addysg a diwylliant, iaith y trefi a'r dosbarth canol. Felly y bu ers dros bedair canrif. Roedd safle'r Ddaneg yn Norwy yn union fel safle'r Saesneg ym mywyd swyddogol Cymru oddi ar Deddf Ymgorffori 1536. Y gwahaniaeth mawr rhwng Cymru a Norwy oedd na chynhyrchwyd dim llenyddiaeth na llyfrau mewn iaith Norwyaidd trwy gydol y cyfnod hwn rhwng oes Dafydd ap Gwilym a Gwilym Hiraethog. Eithr parhaodd crynswth y werin wledig i ddefnyddio llu o dafodieithoedd yr hen Norwyeg. Aeth gŵr ifanc o'r enw Ivor Aasen ati i lunio iaith lenyddol ohonynt gyda geirfa fodern a gramadeg. Ei obaith oedd y byddai'r iaith Norwyaidd hon a alwodd yn Landsmal, yn disodli'r Ddaneg Norwyaidd swyddogol a elwid yn Riksmal. Gallai'r bobl wledig ddeall Landsmal yn well na Riksmal, a dechreuodd rhai llenorion dawnus ei defnyddio. Ond un o bob chwech o ddisgyblion ysgol y wlad sy'n ei siarad heddiw, a'r rheiny mewn ardaloedd gwledig gan mwyaf. Aeth yn ymgiprys hir, chwerw ar brydiau, rhwng y ddwy iaith, ymgiprys sydd heb eto ddod i ben.

* * * * * *

Serch hynny, esgorodd y deffro cenedlaethol ar sawl datblygiad a fowldiodd fywyd cenedl sydd bellach yn hynod ymwybodol o'i chenedligrwydd. Er ei marweidd-dra maith bu Norwy'n ffodus o ddau beth. Un oedd ei bod heb bwysigrwydd strategol am nad oedd ar y ffordd i unman. Felly, hyd at 1940, ni welodd ryfela ar ei thir fel y dioddefodd Y Ffindir, Estonia, Latfia a Lithwania. Yn ail ni ddioddefai, fel y gwnâi Cymru, oddi wrth bwysau llethol cenedl fawr gymdogol. Ni ellir cymharu pwysau Denmarc, er trymed ei dylanwad, â phwysau Lloegr. Gan hynny, unwaith y deffrôdd ei hysbryd, doedd fawr ddim rhwystrau ar ffordd ei datblygiad cenedlaethol yn wleidyddol nac yn economaidd, yn addysgol na diwylliannol.

Blodeuodd ei llenyddiaeth yn nhrydydd chwarter y ganrif ddiwethaf nes ennill lle dylanwadol ymhlith y llenyddiaethau gorllewinol. Cododd nifer o lenorion sylweddol. Y mwyaf yw'r dramodydd a'r bardd, Henrik Ibsen, un o brif arloeswyr drama fodern Ewrop. Er nad oedd Ibsen yn gymaint o wladgarwr â Sibelius yn Y Ffindir, ac er mai yn yr iaith Ddaneg y sgrifennai, ymdeimlai ef hefyd â chymeriad a diwylliant ei wlad. Roedd ei ddrama fawr gyntaf yn ymwneud ag ymdrech Norwy dros annibyniaeth yn yr Oesoedd Canol, ac yn null y gân werin y cyfansoddwyd ei lwyddiant theatrig cyntaf. Drama-saga oedd ei lwyddiant nesaf; ei gymeriad canolog yn honno yw gwraig sy'n debyg i ffigurau sagâu Gwlad yr Iâ, sy'n dal perthynas mor agos â Norwy. Sgrifennodd y rhain pan oedd yn byw yn Norwy. Treuliodd hanner ei oes yn Yr Eidal a'r Almaen, ond yr oedd, meddai, bob amser gartref yn Norwy yn ei freuddwydion a'i farddoniaeth. Yn y gwledydd hyn y cyfansoddodd y mwyafrif o'i gampweithiau. Yn y rhain fe ymadawodd â hanes ac â dychymyg. Dramâu realistig yw ei gampweithiau mwyaf. Wrth gyflwyno bywyd beunyddiol pobl, trafodant y drygioni sydd yn enaid dyn, gan dynnu ar yr astudiaethau a wnaeth Ibsen yn ei ieuenctid o lên-gwerin Norwy. Yn ystod taith hir a wnaeth trwy'r wlad i gasglu chwedlau gwerin a straeon tylwyth teg, gwnaed argraff drom arno gan y bodau goruwchnaturiol hyll, creulon a pheryglus a elwid yn droliau. Cynrychioli grymoedd drygioni mewn natur a wna trol. Ymdeimlai Ibsen i'r byw â'r troliau hyn, sef y grymoedd drygionus sydd wastad o'n cwmpas—egotistiaeth a llwfrdra yn arbennig. Roedd yr athrylith hwn yn fardd mawr, ac ystyria rhai mai ei gân 'Peer Gynt' yw ei waith mwyaf oll. Ond y mae cyfoeth o werthoedd barddonol yn ei ddramâu, ac fel cymaint o farddoniaeth fawr y maent yn genedlaethol ac yn gyffredinol ar yr un pryd, eu gweledigaeth yn ffrwydro trwy derfynau eu cenedl a'u hoes.

Gwelwyd dau artist arall o athrylith yn y genhedlaeth euraidd a ddilynodd y deffro cenedlaethol. Roedd Edvard Munch, lluniwr hunllefau disgleiriaf mynegiadaeth, yn un o ffigurau mwyaf nodedig datblygiad celfyddyd y ganrif hon. 'Y Gri', sy'n sumbol o ing y dyn modern, yw ei lun enwocaf. Gadawodd ei holl ystâd, gan gynnwys cannoedd o'i luniau, i ddinas Oslo a gododd gartref iddynt yn Amgueddfa Munch. Elw o'r sinema ddinesig a dalodd y gost uchel.

Ffigur arall o faintioli Ewropeaidd oedd Grieg, y cerddor. Uchelgais y Grieg ifanc oedd cyflwyno, mewn iaith gerddorol a ddeëllid trwy Ewrop, gerddoriaeth werin ei wlad a chymeriad pobl a thiriogaeth Norwy wledıg. Llwyddodd yn hynny o beth. Yn ei flas Norwyaidd y gorwedd prif ddiddordeb ei fiwsig, a ddaeth yn adnabyddus trwy'r byd. Dylanwadodd yn fawr ar gerddoriaeth Ewropeaidd, yn arbennig ar ei harmoni. "Canfyddais mai posibiliadau rhyfeddol mewn harmoni," meddai Grieg, "sy'n gyfrifol am ddyfnder ein halawon gwerin." Er na chynhyrchodd Cymru gerddor o faint Grieg, bu Cymru ymhell ar y blaen i Norwy ym myd y canu corawl, gan gynnwys opera. Nid oes gan Norwy ddim ychwaith i'w gymharu â'n Heisteddfod Genedlaethol, Eisteddfod yr Urdd a'n Gŵyl Gerdd Dant.

* * * * * *

Tipyn o sioc yw deall mai yn yr ugeinfed ganrif y daeth Norwy'n wlad annibynnol, ym 1905, ychydig dros ddegawd o flaen Y Ffindir a thair gwlad Y Baltig. Brenin Sweden a'i rheolai wedi'r rhyfeloedd Napoleonaidd trwy ei gynrychiolydd a'i fiwrocratiaid Danaidd a Swedaidd, sy'n cyfateb i reolaeth Cymru heddiw gan Ysgrifennydd Gwladol Seisnig a'i fiwrocratiaid yn y Swyddfa Gymreig. Ond gyda threigl y ganrif, datblygodd senedd yn Norwy a reolai faterion mewnol y wlad. Yn nechrau'r ganrif hon, yn wâr a heb saethu'r un ergyd, trosglwyddwyd rheolaeth dros amddiffyn milwrol a pholisi tramor i'r senedd honno, a gwahoddwyd tywysog Danaidd i wisgo'r goron mewn gwlad a oedd bellach yn gwbl ymreolus.

Dilynwyd annibyniaeth gan ddatblygiad economaidd mawr. Y ffyrdd a'r rheilffyrdd newydd ynghyd â heidrodrydan a wnaeth hyn yn bosibl. Er i'r wlad fod yn brin o adnoddau naturiol o'i chymharu â Chymru y mae ganddi gyfoeth o raeadrau dŵr. Trwy'r egni mawr a ryddhawyd gan annibyniaeth datblygwyd llawer o'r rhain, gyda help cyfalaf allanol, er mwyn cynhyrchu trydan. Prynodd cynifer o dramorwyr raeadrau nes bod yn rhaid deddfu i reoli buddsoddi gan estroniaid. Yn ddiweddarach bu'n rhaid i Norwy a Denmarc reoli prynu tir a thai gan fewnfudwyr estron er mwyn diogelu cymeriad cymunedau lleol a chenedlaethol, er na ddioddefent agos cymaint â Chymru oddi wrth fewnfudwyr.

Bu adeiladu ffyrdd a rheilffyrdd yn gwbl allweddol i

ddatblygiad yr economi. Bedair blynedd wedi i'r wlad gael ei hannibyniaeth, pan agorwyd y rheilffordd rhwng Oslo a Bergen ym 1909, nid oedd odid ddim rheilffyrdd eraill yn y wlad. O fewn ychydig flynyddoedd adeiladwyd dwy fil a hanner o filltiroedd o reilffyrdd, cannoedd o filltiroedd ohonynt trwy wlad fynyddig anhygyrch. Mae rheilffordd Fflam, er enghraifft, yn troelli tair mil o droedfeddi i lawr o'r gwastadedd uchel i'r dyffryn islaw. Trydan sy'n gyrru'r trenau. Mae cynifer o filltiroedd o reilffyrdd wedi eu trydaneiddio yn Norwy ag sydd yn Lloegr. Yng Nghymru nid oes un. Dringa'r lein weithiau dros bedair mil o droedfeddi, yn uwch na'r Wyddfa. Yn naturiol gall eira rwystro'r trenau yn y gaeafau celyd, ond ymffrostir bod gweithwyr yn dod yn gyflym i glirio'r lein. Eu harwyddair yw: 'Gellwch deithio ar drên bob amser'.

Hyd yn oed yn bwysicach na chodi rheilffyrdd fu adeiladu ffyrdd, sy'n fynych yn gampweithiau peirianyddol. Unwyd y wlad yn wir gymdeithas ganddynt, a gwnaethant ddatblygiad diwydiannol yn bosibl ymhob un o'r deunaw sir, gan sefydlogi eu poblogaeth; ni welodd yr un sir leihad mewn poblogaeth. Roedd hyn yn gwbl wahanol i brofiad Cymru gaeth, lle'r oedd poblogaeth naw o'i thair sir ar ddeg yn llai ym 1950 nag oedd ym 1850 (llenwir y gwagle yn awr gan ugeiniau o filoedd o Saeson). Middlesex oedd yr unig un o 49 sir Lloegr a welsai leihad. Yng Nghymru adeiladwyd y ffyrdd mawr er cyfleustra Llundain a Lloegr. Ni chawsom hyd y dwthwn hwn ffyrdd mawr o'r de i'r gogledd i uno'r wlad. A chaewyd rheilffordd Caerfyrddin—Aberystwyth—Caernarfon, yr unig lein a redai trwy'r wlad o'r de i'r gogledd. Dadleuai llywodraeth Llundain y câi ffordd ganol trwy Gymru ei chau ganol gaeaf gan y lluwchwyntoedd sy'n ysgubo dros ein mynyddoedd mawr! Mynnai nad oes eu hangen pr'un bynnag am nad oes diwydiant yn y rhannau gwledig. Ond absenoldeb diwydiant oedd un o'r ddau brif reswm dros gael ffordd fawr i wasanaethu Cymru. Codwyd yr Autostrada del Sole, y ffordd ryfeddol honno sy'n dirwyn drwy dir mynyddig o ogledd yr Eidal i'r de eithaf, yn union am fod y wlad yn wag o ddiwydiant. Mae diwydiant yn dilyn y ffordd. Os ydym i gael diwydiant i gadw'n pobl ifainc yn yr ardaloedd gwledig y mae'n rhaid cael ffyrdd cymwys yno hefyd. Buasai llywodraeth Gymreig wedi mynnu adeiladu ffyrdd a wasanaethai Gymru er mwyn creu economi Gymreig gytbwys.

Adlewyrchwyd ysbryd newydd y Norwy rydd mewn ffordd gwbl wahanol, na welwyd ei thebyg ers dyddiau'r Ficingiaid, yng ngorchestion fforwyr megis Nansen, y fforiwr Arctic mawr a gafodd Wobr Nobel am heddwch o achos ei waith dyngarol; ac Amundsen, y gŵr cyntaf i gyrraedd Pegwn y De; a Thor Heyerdahl a wnaeth siwrnai mor gyffrous yn y Kon-Tiki.

* * * * * *

Er i Norwy gael ei thlodi'n fawr gan y rhyfel diwethaf datblygodd ei heconomi nes bod ei safon byw yn uwch erbyn y chwe-degau, cyn darganfod olew ym Môr Udd, na safon byw Lloegr. 'Doedd a wnelo hynny fawr ddim ag adnoddau naturiol. O ran adnodau 'roedd Cymru'n llawer cyfoethocach na Norwy, a oedd heb ddim byd tebyg i'n cyfoeth ni mewn mwynau a'r diwydiannau a seiliwyd arnynt. Wrth gwrs cafodd ei tharo, fel pob gwlad orllewinol, gan ddirwasgiad mawr y dau-ddegau. Cododd nifer y di-waith i 27% ym 1927, bron cynddrwg â Chymru yn ystod y flwyddyn honno, ond roedd ganddi lywodraeth i ddatblygu ei masnach a'i diwydiant yn egnïol tra bod Cymru o dan lywodraeth lywaeth Lloegr. O ganlyniad, disgynnodd diweithdra yn Norwy yn syfrdanol tra esgynnai'r nifer o bobl ddi-waith yng Nghymru i 38%, er bod cannoedd o filoedd o Gymry wedi cael eu trosglwyddo i Loegr o dan bolisi *transference of labour*. Ar ôl 1970 ni chododd ei diweithdra'n uwch na 3%. Saif heddiw yn 2.2% o'i gymharu â 13% Cymru.

Y mae gan Norwy ychydig fwynau, ond ei phrif adnoddau cyn darganfod olew fu ei thir, ei choed a dŵr ei hafonydd. Ceir adnoddau dŵr yng Nghymru hefyd ar ben popeth arall sydd ganddi, a phe bai ganddi lywodraeth fe werthai ddŵr, ar elw da, i ddiwydiannau a dinasoedd Lloegr, ond gofalodd Llundain na châi wneud hynny. Yn hytrach caiff dŵr Cymru ei ddwyn am ddim gan awdurdodau Seisnig, ac y mae'n rhaid i ddiwydiant a phobl Cymru dalu mwy amdano nag a delir amdano yn Lloegr. Y mae coed yn llai pwysig i Norwy na dŵr: dim ond 0.6% o'i gweithwyr sy'n gweithio yn y diwydiant. Ond mae cyfuno coedwigo ag amaethyddiaeth yn arfer cyffredin; ffermwyr sy'n berchen ar ddwy ran o dair o'r coedwigoedd. Milwria natur y tir a'r hinsawdd yn erbyn amaethyddiaeth. 3% yn unig o ddaear Norwy sy'n cael ei ffermio, a hynny gan berchnogion ffermydd bach teuluol, at ei gilydd. Dim ond ugain mil o ffermydd sy'n fwy na 25 cyfer, a deugain yn unig sydd dros 250 cyfer.

Bu'r môr o bwys mawr trwy'r oesau. Y mae'r ugain mil a mwy o gychod pysgota, ynghyd â'r diwydiant prosesu pysgod, yn rhoi gwaith i ddwywaith cynifer o bobl ag y mae amaethyddiaeth yn ei roi. Daw mwy byth o elw o lynges llongau mawr Norwy. Hyd at y Rhyfel Byd Cyntaf, llynges Norwy oedd y bedwaredd fwyaf yn y byd o ran maint; y mae'n seithfed ar hyn o bryd, a Phrydain yn chweched. Bu'r olew a ddarganfyddwyd yn Y Môr Udd rhwng Norwy a'r Alban yn fantais ddramatig iddi. Pe buasai gan Yr Alban, sydd â mwy o boblogaeth na Norwy, ei llywodraeth ei hunan buasai'r olew yr un mor fanteisiol iddi hi. Cododd safon byw Norwy yn uwch na safon byw Lloegr cyn i'r olew ddod i'r golwg; bellach y mae Norwy ymhell ar y blaen. Adlewyrchir hyn yn safon y gwasanaethau cymdeithasol, nifer y ceir modur y fil o bobl, ac ati. Dangosodd ei ffordd bwyllog o ddatblygu'r diwydiant olew, mewn cymhariaeth â Phrydain, mor gall yw ei phobl. Bydd gan Norwy gyfoeth o olew ganrif a mwy ar ôl i adnoddau olew Prydain gael eu disbyddu. Cwynodd y cwmnïau olew cydwladol yn chwerw yn erbyn yr hyn a alwent yn genedlaetholdeb Norwyaidd.

Er bod olew yn ffynhonnell cyfoeth mor fawr, y mae diwydiannau eraill Norwy yn rhoi gwaith i bron ddeugain gwaith cynifer o bobl. Dosbarthwyd diwydiannau amrywiol, heb lawer o gymorth adnoddau naturiol brodorol, ar hyd a lled tiriogaeth enfawr y wlad mewn ffordd sy'n bwrw Cymru fach i'r cysgod. O ran allforion metelegol y mae Norwy yn rheng flaen gwledydd y byd. Defnyddia ei diwydiannau heidro-fetelegol hanner yr holl hydro-drydan a gynhyrchir yn y wlad. Cynorthwyir y datblygiadau hyn yn ddirfawr gan gyfundrefn wych o sefydliadau ymchwil sy'n gwneud ymchwil wyddonol, diwydiannol ac amaeth-yddol, yn ogystal ag ymchwilio ym meysydd olew, nwy, pysgodfeydd, coedwigo, iechyd a hyd yn oed traddodiad a diwylliant. Caiff y cyfan ei drefnu o dan bedwar cyngor ymchwil. Cymharer hynny â sefyllfa Cymru sydd â'i hunig orsaf ymchwil yng Ngogerddan ger Aberystwyth; fe gafodd honno ei haneru o ran maint yn ddiweddar, a'i diraddoli pan symudwyd y rheolaeth sydd arni i Reading.

* * * * * *

Ymhob un o bump gwlad Sgandinafia, y mae economi lewyrchus yn cynnal cymdeithas wâr. Nodweddiadol o'r gwarineb yw swydd yr ombwdsman sy'n ystyried cwynion dinesydd yn erbyn y wladwriaeth. Syniad Norwyaidd yw hwn, a fenthyciwyd gan lawer gwlad yn cynnwys Prydain. Adlewyrchir ei gwarineb, hefyd, yn y ffaith ei bod yn car-charu gyrwyr ceir sy'n gyrru ar ôl yfed diod alcoholaidd, trosedd sy'n achosi miloedd o farwolaethau bob blwyddyn ar ffyrdd Prydain. Y mae ganddi sefydliadau addysgol sy'n absennol yng Nghymru. Er enghraifft, treulia wyth mil o bobl ifanc flwyddyn mewn ysgolion gwerin; mae bron i fil yn ei choleg amaethyddol a 250 yn ei choleg milfeddygol.

Er ymdrechu am hanner can mlynedd nid oes gan Gymru goleg milfeddygol eto. Gweithia bron i dair mil mewn sefydliadau ymchwil. Caiff deugain mil o fyfyrwyr addysg brifysgol, bron i ddwywaith cymaint â'r cyfartaledd Cymreig, ac y mae tua deng mil ar hugain o fyfyrwyr mewn colegau a sefydliadau galwedigaethol eraill. Honnir bod tua hanner miliwn o oedolion, un o bob wyth o'r boblogaeth, yn dilyn cyrsiau addysg oedolion.

Mae'r llywodraeth ganol a'r llywodraeth leol yn ymdrechu'n egnïol i hyrwyddo bywyd diwylliannol am eu bod yn sylweddoli mor hanfodol yw hynny i gynnal hunaniaeth genedlaethol gwlad fach sydd, fel pob gwlad fach, bob amser o dan bwysau dylanwad gwledydd mawr. Y mae pwysigrwydd cynnal eu hunaniaeth genedlaethol yn bresennol yn barhaus ym meddwl y bobl. Arwydd o hyn yw fod y faner genedlaethol i'w gweld yn chwifio mor fynych y tu allan i'w cartrefi yn ogystal ag ar adeiladau cyhoeddus. Gallai'r Cymry, sydd dan bwysau anhraethol fwy, ddysgu oddi wrthynt yn hynny o beth.

Y mae llenyddiaeth Norwy, gwlad a fu heb lenyddiaeth yn ei hiaith bum cenhedlaeth yn ôl, mewn cyflwr llewyrchus. Cyhoeddir dros ddwy fil o deitlau newydd bob blwyddyn, rhyw ddeucant ohonynt yn nofelau, cyfrolau o straeon byrion neu farddoniaeth. Pryn y llywodraeth fil o gopïau o bob un o'r rhain i'w dosbarthu trwy'r llyfrgelloedd. Derbyniodd dau o'u hawduron Wobr Nobel. Rhagora Cymru ar Norwy mewn canu lleisiol a hefyd, fel rwy'n deall, mewn rhaglenni teledu; gwerthir tipyn o raglenni Cymraeg i Norwy. Darlleda'r un sianel deledu sydd ganddi saith awr o raglenni'r dydd, hanner ohonynt yn gynnyrch Norwyaidd. Felly ni ddarlledir mwy o raglenni a wnaed yn Norwy nag a ddarlledwn ni o raglenni Cymraeg. Yn ddiweddar, rhoddwyd caniatâd i bedair tref ddarlledu rhaglenni'r rhwydweithiau Saesneg trwy sateleit, a chafodd saith tref ganiatâd i ddarlledu rhaglenni Ffrangeg trwy gebl. Ni pheryglir iaith a diwylliant Norwy gan hyn, nac ychwaith gan fewnfudo.

Tua phedwar ugain mil o dramorwyr sy'n byw yn y wlad yn arhosol. Symuda rhyw bymtheng mil o estroniaid i mewn bob blwyddyn a phymtheng mil allan, o'u cymharu â'r hanner can mil sy'n symud i mewn ac allan o Gymru, gwlad lawer llai na Norwy. Y mae Norwy'n ffodus hefyd yn ei phapurau newydd. Tra boddir Cymru gan bapurau Llundain, ni werthir fawr ddim papurau tramor yn Norwy. Yn hytrach, y mae ganddi 64 papur dyddiol yn ei hiaith ei hun; tri yn unig sydd â chylchrediad o dros gan mil. Heblaw'r rhain y mae dros gant o bapurau lleol, i gyd yn iaith y wlad, wrth gwrs.

* * * * * *

Yn ystod y rhyfel diwethaf y cafwyd yr amlygiad mwyaf trawiadol o nerth cenedlaetholdeb Norwy. Goresgynnwyd y wlad yn gyflym yn Ebrill 1940 gan y lluoedd Almaenaidd ac am bum mlynedd bu Norwy o dan reolaeth Almaenaidd. Sefydlwyd llywodraeth Norwyaidd gan Quisling (arweinydd plaid Natsïaidd Norwy), a gredai'n onest y byddai Norwy yn well ei byd pe bai'n rhan o'r Reich Almaenaidd fel y mae Cymru'n rhan o Loegr. Fel Stalin, Franco a Hitler, a llawer un yn nes atom, ni chredai y dylai cenhedloedd bach fod yn rhydd. Roedd yn sosialydd gwrthgenedlaethol. Gwahanol oedd barn mwyafrif mawr pobl Norwy; credent hwy y dylent fod yn rhydd i fyw eu bywydau eu hunain yn unol â'u gwerthoedd cenedlaethol. Fel y dwyshaodd y gormes cynyddodd y gwrthwynebiad di-drais. Dechreuodd y plant ei fynegi trwy wisgo sumbolau cenedlaethol. Dilynodd ieuenctid y clybiau athletaidd sy'n dra niferus a phoblogaidd. Y weithred fawr gyntaf oedd ymddiswyddiad y barnwyr a'r cyfreithwyr, elfen fwyaf confensiynol y wlad, pan geisiodd Quisling reoli'r Uchel Lys a sefydlu cyfundrefn hydrin i'r cyfreithwyr. O blith yr athrawon a'r offeiriaid, fodd bynnag, y daeth yr arweiniad mwyaf cyson a dewr, a hwy a ddioddefodd yr erledigaeth waethaf. Pan wrthododd

95% o'r athrawon ymuno â chyfundrefn debyg i'r un y ceisiodd Quisling ei sefydlu i'r cyfreithwyr, restiwyd 1,300 ohonynt a'u danfon i wersyll- garchar; cymerwyd pum cant ohonynt wedyn i garchar yn y Cylch Arctig. Protestiodd yr Eglwys wladol yn gryf, a phan anwybyddwyd ei phrotestiadau ymddiswyddodd yr esgobion. Wedi i'r athrawon gael eu troi allan o'r ysgolion parhaent i ddysgu'r plant ble bynnag y caent adeilad i wneud hynny. Pan drowyd offeiriaid o'u plwyfi caent eu cynnal gan eu plwyfolion. Trwy gydol pum mlynedd y goresgyniad cynhaliai newyddiadurwyr wasg danddaearol fywiog. Safodd yr undebwyr llafur hwythau pan geisiodd Quisling sefydlu gwladwriaeth gorfforaethol yn Chwefror 1942; cafodd rhai eu saethu'n farw. Er cymaint y dioddef, ychydig iawn a ildiodd. Safodd cyfreithwyr ac athrawon, offeiriaid ac undebwyr llafur ynghyd, ysgwydd yn ysgwydd. Eu cenedlaetholdeb a'u cynhaliodd. Pan ofynnodd swyddog o Almaenwr i athro a oedd wedi cyrraedd y pwynt eithaf mewn gwendid paham nad ildiai, atebodd: "Am mai Norwyad wyf fi." Dywedodd Hitler nad oedd damaid yn well o gael yr holl allu yn y byd oni fedrai ddwyn y bobl i'w gliniau. Am i ysbryd gwlad gynnal ei phobl yn wyneb y bradog lu Natsïaidd roedd Norwy'n gryfach cenedl ar ddiwedd y rhyfel nag ar ei dechrau.

Heddychlon a chydwladol yw cymeriad cenedlaetholdeb Norwy. Yn wahanol i genedlaetholdeb Prydeinig ni chafodd ei gyflyru gan y math o imperialaeth a militariaeth a fu wrth gefn y 78 rhyfel a ymladdodd Prydain Fawr yn y ganrif ddiwethaf. Pryd cychwynnwyd rhyfel gan Norwy, neu gan unrhyw un o'r cenhedloedd bach a drafodir yn y llyfr hwn o ran hynny? Yr unig genhedloedd cwbl wrthfilitaraidd yn Ewrop yw'r cenhedloedd bach. Gwelir y gwahaniaeth sydd rhwng cenedlaetholdeb Norwyaidd a'r cenedlaetholdeb Prydeinig yn swm y cymorth a roddant i wledydd y trydydd byd. Cyfranna Norwy ddwywaith cymaint â Phrydain, ar gyfartaledd. Gwelir y gwahaniaeth hefyd yn ei hymdrech i sefydlu cylch diniwcliar yng ngwledydd gogledd Ewrop, a'i gwrthwynebiad hi a Denmarc i ganiatáu arfau niwcliar ar ei daear nac yn ei moroedd tiriogaethol.

Y mae rhesymau milwrol yn gorwedd o dan genedlaetholdeb canoliaethol afiach Prydain Fawr, sy'n esbonio'i hanfodlonrwydd i ganiatáu dim rhyddid gwleidyddol i'r genedl Gymreig. Cerdda ei chanoliaeth a'i militariaeth law yn llaw. Gan nad oes gan wledydd Llychlyn uchelgais militaraidd, parchant ryddid cenedlaethol ei gilydd a chyd-weithredant yn agos iawn â'i gilydd mewn trefn sy'n ymylu ar fod yn gonffederaliaeth. Y Cyngor Nordig, sy'n cwrdd ym mhrifddinasoedd y pum gwlad yn eu tro, yw prif gorff y drefn honno. Corff o gynrychiolwyr y pum senedd genedlaethol yw'r Cyngor. Cyflwynant bob cymeradwyaeth, i'w drafod yn gyntaf gan un o chwe phwyllgor, i Gyngor y Gweinidogion—y mae gan bob un o'r pump gwlad weinidog sy'n gyfrifol am gydweithrediad. Gwneir y gwaith paratoi gan secretariat unol yn Copenhagen a chan bymtheg pwyllgor o weision sifil. Pan gytuna Cyngor y Gweinidogion yn unfrydol ar unrhyw bolisi a gymeradwyir y mae'r pum gwlad yn rhwym o'i dderbyn. Daw'n ddeddf i 23 miliwn o bobl.

Y mae rhychwant cydweithrediad gwledydd y Cyngor Nordig yn eang. Yn ogystal â threthi a materion economaidd mae'n cynnwys addysg, iechyd, ymchwil, ffyrdd, y post a diwylliant. Er enghraifft, trefnir cyfieithu llyfrau o'r naill iaith i'r llall, cyfnewidir artistiaid, rhoddir gwobrau ar y cyd i lenorion a cherddorion, a datblygir cydweithrediad ym myd radio a theledu. Mae pob hawl gymdeithasol, megis gwasanaeth iechyd a hawliau cyfansoddiadol megis yr hawl i bleidleisio, yn gyffredin i holl ddinasyddion y pum gwlad, a llunir nifer gynyddol o'u cyfreithiau ar y cyd.

Cyfeiria'r Cyngor Nordig at y math o drefn y bydd yn rhaid ei sefydlu ymhlith cenhedloedd pan fyddant oll yn mwynhau safle cenedlaethol, er y byddai'r cydweithrediad yn agosach fyth yma. Er y bydd rhyddid cenedlaethol cyflawn yn rhoi hawl i bob un gymryd ei le yn Ewrop a'r Cenhedloedd Unedig, byddai'n naturiol i genhedloedd Y Deyrnas Unedig ymffurfio'n gonffederaliaeth. Mae'n siŵr y byddai Iwerddon am ymuno, gan ddatrys problem y Chwe Sir wrth wneud hynny. Cymerir cam mawr tuag at ddatblygiad tebyg i hyn gan y Gymuned Ewropeaidd ym 1992 pan ddiddymir tollau a thrwyddedau teithio rhwng yr aelodau. Diflanna bwgan arwahanrwydd—*separatism*— a ddrysodd yr ymgyrch dros hunanlywodraeth i Gymru.

Arwydd o warineb Norwy yw lle amlwg menywod yn ei bywyd cyhoeddus. Y mae dros draean o'i Haelodau Seneddol yn fenywod. Ceir wyth merch a naw dyn yng nghabinet y llywodraeth bresennol. Gwraig yw'r Prif Weinidog, Gro Harlem Brundtland, sy'n feddyg, yn briod â meddyg, a chanddi bedwar o blant. Hi yw cadeirydd y Comisiwn Byd ar Amgylchedd a Datblygiad. Y mae cael llywodraethau'r byd i reoli'r llygredd sy'n bygwth y ddynoliaeth yn genhadaeth ganddi ac fe'i cymer dros y byd. Er enghraifft, ceisia rybuddio bod cynnydd carbon diocsid yn fygythiad enbyd o beryglus. Os pery cynnydd hwnnw ychwanegir rhwng 1.5 a 4.5 gradd at wres y byd mewn deugain mlynedd. Cynnydd o tua tair gradd sydd fwyaf tebygol. Byddai un radd o godiad yn gwneud y ddaear yn dwymach nag y bu ers 120,000 o flynyddoedd. Un o ganlyniadau hynny fyddai dadmer iâ'r Arctig a'r Antarctig; fe allai hynny godi lefel y môr o rhwng troedfedd a phedair troedfedd a hanner, gyda chanlyniadau trychinebus yn neltae afonydd Nîl, Ganges, Mekong, Yangtse a Mississippi. Gallai foddi rhannau mawr o Lundain ac Efrog Newydd a dinasoedd eraill sy'n agos at lefel y môr, a gallai'r sychder ddinistrio tiroedd grawn America a'r Sofiet. Eisoes cododd gwres y ddaear hanner gradd mewn canrif, a chredir bod y sychder yn Affrica yn ganlyniad i hyn. Dygodd presenoldeb Gro Brundtland a merched eraill yn llywodraeth Norwy fwy o bwysau o blaid hawliau gwragedd a phlant a mwy o bwyslais ar yr amgylchedd, iechyd ac ansawdd bywyd. Fel arweinydd moesol naturiol democratiaeth Nordig arweinia Gro Brundtland yr ymgyrch yn erbyn arfau niwcliar.

Mor drawiadol yw'r gwrthgyferbyniad â Phrif Weinidog y llywodraeth sydd ar Gymru, hithau hefyd yn ferch ond yn faterolwraig lwyr; mae ei hagwedd at iechyd, yr amgylchedd, ansawdd bywyd ac arfau niwcliar yn gwbl wahanol. Pan ymwelodd Gro Brundtland â hi yn ddiweddar cafodd bryd o dafod gan Margaret Thatcher ar gwestiynau glaw asid a De Affrica. Byth oddi ar cynhadledd Reykjavik, lle dangosodd Gorbachev a Reagan eu bod am gael gwared yn llwyr ar arfau niwcliar, bu ein Prif Weinidog ni wrthi fel lladd nadredd yn ceisio'u cadw, a hyd yn oed yn ymlafnio i gynyddu eu gallu dinistriol trwy eu 'moderneiddio'. Gan na all hi lwyddo yn hyn o beth os cynydda'r gyfathrach gyfeillgar rhwng y gorllewin a'r Undeb Sofietaidd, ceisia ddwysáu gwrth-Sofietiaeth mewn ffordd sy'n gwneud tasg enfawr Gorbachev yn anos ac yn gwneud rhyfel niwcliar yn fwy posibl. Tra bod Norwy rydd yn mwynhau llywodraeth Norwywraig wâr, y Saesnes hon a reola Gymru gaeth.

Denmarc

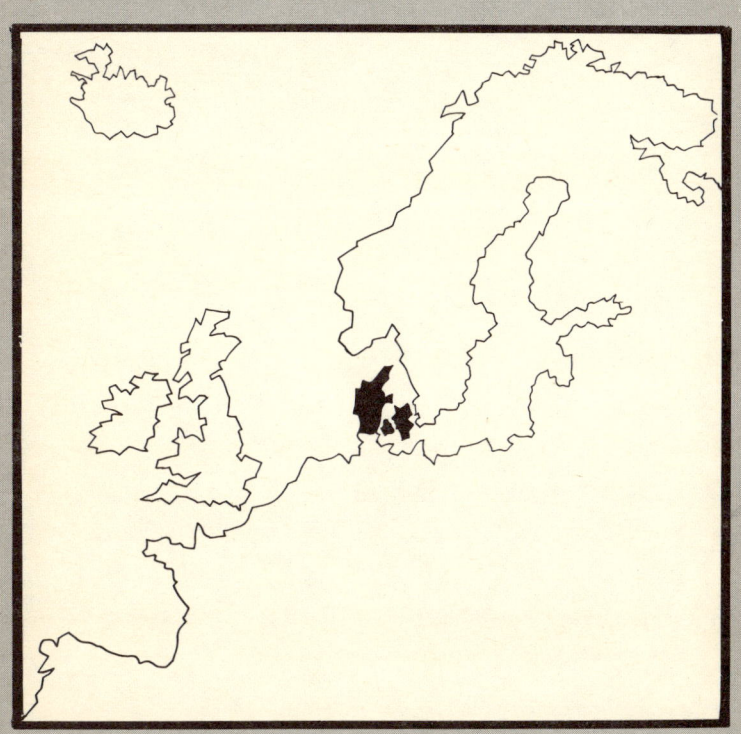

Castell Christiansborg, Copenhagen

Yn y gorffennol cafodd Lloegr fwy o gyfle na Chymru i ddysgu am y Daniaid. Yn y flwyddyn 886, wyth mlynedd ar ôl i Rhodri Mawr gael ei ladd mewn brwydr yn erbyn y Saeson, gorfodwyd brenin Wessex i ildio i'r Daniaid y cyfan o Loegr i'r gogledd o linell a redai rhwng Caer a Llundain; dyna fyddai'r *Danelaw*. Yn dilyn hynny, ymgartrefodd cannoedd o eiriau Sgandinafaidd yn yr iaith Saesneg. Wedi i Alffred Fawr lwyddo i rwystro eu hymdaith, troes y Daniaid i gyfeiriad gogledd Ffrainc a rhoi enw'r Northman ar Normandi. Cwblhaodd y Daniaid goncwest Lloegr o dan arweiniad y brenin Cnut (Canute); unodd ef Loegr yn un wlad a'i llywodraethu fel rhan o ymerodraeth Denmarc. Ym 1066 concrwyd Lloegr unwaith eto, y tro hwn gan ddisgynyddion Daniaid Normandi, o dan arweiniad William y Gorchfygwr.

Paganiaid oedd y Daniaid a goncrodd Loegr y tro cyntaf. Yn oes Hywel Dda y dechreuodd Cristnogaeth dreiddio i Ddenmarc, tua phedair canrif ar ôl oes Dewi Sant. Eithr yn ystod y ddwy ganrif nesaf tyfodd yr Eglwys yn gryf, a rhwng dyfodiad Gruffudd ap Cynan i Wynedd a marwolaeth Llywelyn Fawr codwyd deunaw cant o eglwysi yno. Profodd nerth yr Eglwys yn gymorth mawr wrth lunio endid gwleidyddol Danaidd; yng Nghymru defnyddiwyd nerth mawr yr Eglwys yn Lloegr fel arf i ddarostwng y genedl yn wleidyddol.

Ysgrifennwyd côd cyfraith cyntaf Denmarc ym 1241, yn ystod oes Llywelyn Fawr. Gwelir ei frawddeg agoriadol, *Rhaid adeiladu cenedl ar gyfraith,* mewn llythrennau mawrion uwchben porth Llys Canol Copenhagen. Roedd y côd yn gyfoes â'r hyn a elwir gan Dafydd Jenkins yn gyfnod clasurol cyfraith Cymru. Dwy brif elfen ffurfiadol yng nghenedligrwydd Cymru oedd ei hiaith a'i chyfraith, ac yn yr iaith Gymraeg y sgrifennwyd y gyfraith honno. Yn y drydedd ganrif ar ddeg, pan oedd y Gymraeg yn iaith cyfraith yng Nghymru, Ffrangeg oedd iaith cyfraith Loegr. Roedd y Gymraeg, gan hynny, yn meddu ar urddas na pherthynai i'r Saesneg. Ond erbyn canol yr unfed ganrif ar bymtheg, newidiodd y sefyllfa'n llwyr. Gwnaeth Deddf Ymgorffori 1536 y Saesneg yn unig iaith swyddogol Cymru. Saesneg oedd amod penodiad i bob swydd gyhoeddus, megis swydd hollbwysig ustus heddwch ac felly fe ddaeth Saesneg, yn anorfod bron, yn unig iaith bywyd cyhoeddus, a maes o law yn unig iaith y math o bobl a benodwyd yn ustusiaid heddwch. Wedyn cafodd y Gymraeg ei chau allan o'r ysgolion dyddiol, fel y caewyd hi allan o'r llysoedd barn, a chefnodd deallusion Cymru arni. Yna boddwyd y Gymraeg mewn llawer ardal boblog gan y llu Saeson a fewnfudodd i Gymru, am na ellid eu cymathu am fod yr ysgolion yn gwbl Saesneg.

Mor wahanol fu profiad Denmarc. Cadwodd hi ei rhyddid cenedlaethol, ac er trymed dylanwad Yr Almaen a'r Almaeneg yn y ganrif ddiwethaf, cododd Denmarc broffwyd a ddeffrôdd genedlaetholdeb digon grymus yn y wlad gan sicrhau mai trwy'r Ddaneg y byddai'n byw ei bywyd yn y dyfodol. Heddiw y mae'r iaith Ddanaidd a'r diwylliant y mae'n gyfrwng iddo yn cadarn ffynnu. 'Does dim marc cwestiwn uwchben dyfodol cenedlaethol Denmarc.

* * * * * *

Y ddau beth ym mywyd modern Denmarc y gall y Cymry ddysgu fwyaf oddi wrthynt yw'r ysgolion gwerin a'r drefn gydweithredol; bu'r naill yn gyfrifol am lwyddiant y llall. Tad yr ysgolion gwerin oedd yr Esgob Grundtvig, proffwyd mawr y genedl.

Dihoenai bywyd Denmarc trwy gydol y ddeunawfed ganrif. Roedd cof y genedl wedi pallu; ni thynnai neb ysbrydiaeth o'i gorffennol hi. Cynyddai dirmyg at ei hiaith tra mawrygid Yr Almaeneg a'r Almaenwyr; benthyciwyd miloedd o eiriau Almaenaidd i'w geirfa. Almaeneg oedd iaith hufen y gymdeithas, a hyd at amser geni Grundtvig hi fu iaith y lluoedd arfog a'r gwasanaeth sifil. Ni ddefnyddid Daneg yn yr ysgolion uwchradd na'r Brifysgol; Lladin oedd eu hiaith nhw. Bu gorchfygiad Denmarc gan Loegr yn niwedd y rhyfeloedd Napoleonaidd yn ergyd syfrdanol i'r genedl ddiysbryd hon. Dygwyd y cyfan o'i llynges filwrol oddi arni a hefyd y rhan fwyaf o'i llynges fasnachol. Syrthiodd y wlad i fethdaliad a'r bobl i ddigalondid llwyr. Eithr, a'r genedl yng ngwaelod pydew anobaith, dechreuodd ysbryd cenedlaethol gyniwair yn y wlad. Erbyn amser Brad y Llyfrau Gleision chwythai'r ysbryd hwnnw drwyddi'n nerthol. Y gŵr a fu'n bennaf gyfrifol am y gweddnewidiad hwn oedd Grundtvig. Ef a ddygodd bwrpas yn ôl i fywyd y genedl, ac o bopeth ar y ddaear, meddai gŵr doeth, pwrpas cenedlaethol yw'r un mwyaf anorchfygol.

Ganed Grundtvig mewn bwthyn unllawr mewn ardal wledig ddiarffordd, yn fab i weinidog Lwtheraidd tlawd. Bu ym Mhrifysgol Copenhagen, ond yn ei gartref y cafodd yr addysg a brofodd o'r gwerth mwyaf iddo, a hynny gan ddwy wraig, ei fam a Malene, hen wraig o efrydd a oedd yn byw gyda nhw. Ei fam a ddysgodd iddo ddarllen ac a roes lyfrau hanes swmpus yn ei ddwylo'n gynnar iawn. Hi hefyd a adroddodd iddo'r hen sagâu Sgandinafaidd a gafodd y fath effaith ar ei ddychymyg, a hi a ganodd iddo ganeuon Danaidd. Yr hen Malene a gyflwynodd iddo gymaint o'r ysbryd a'r traddodiad cenedlaethol a oroesai ymhlith y werin anllythrennog; hi a ddysgodd iddo ddiarhebion a chwedlau gwerin ac emynau Lwtheraidd syml. Yr addysg a gafodd gartref a ddeffrôdd ynddo'r cariad angerddol at ei wlad a fywhaodd ei fywyd ar ei hyd. *Cariad* yw'r gair allweddol. "Ni fu neb byw erioed," meddai yn un o'i ganeuon, "a ddaeth yn ddoeth ynghylch dim heb ei garu'n gyntaf."

Roedd yn Gristion. Cyflwynodd ei brofiad ysbrydol dwfn mewn mil a hanner o emynau, sy'n ei roi yn yr un dosbarth â Phantycelyn. Cenir cannoedd ohonynt o hyd. Cynhaliai emynau a chaneuon cenedlaethol Grundtvig ysbryd y bobl yn ystod y rhyfel mawr diwethaf. Roedd llawenydd yn nodwedd o'i grefydd; 'Cristnogion llawen' y gelwid ei ganlynwyr niferus. Ei Gristnogaeth a'i wladgarwch a'i gyrrodd ymlaen ar hyd ei oes. Hanes Denmarc a'r hen fythau Sgandinafaidd oedd y tanwydd a gynhesai ei wladgarwch, a chredai mai'r ffordd i adfer y grym bywydol a gollodd ei bobl oedd trwy eu rhoi mewn perthynas ysbrydol â'u cyndadau. Dyna a'i gyrrodd i sgrifennu cyfrol fawr ar y mythau ac i dreulio wyth mlynedd yn cyfieithu hen Groniclau o Ladin a Hen Norseg i Ddaneg fodern. Ef yw'r awdur llyfrau hanes mwyaf cynhyrchiol a welodd Denmarc.

Gan fynnu gweld ei gydwladwyr yn sefyll ar eu traed eu hunain gyda balchder yn eu tras, fe'u hanogodd i fod mor annibynnol ar Yr Almaen ag oedd modd o ran iaith a bywyd. Gwendid mawr yn y Daniaid yn ei olwg ef oedd eu bod mor afiach o frwd dros bopeth Almaenaidd ac mor ddirmygus, yn aml, o'u bywyd eu hunain. Ers canrifoedd yr oedd masnachwyr a chrefftwyr trefi Hanseataidd gogledd Yr Almaen wedi dylanwadu'n drwm ar iaith a diwylliant Denmarc. Bernir bod tua phum mil o eiriau Almaenaidd wedi dod i'r iaith Ddanaidd o'r cyfeiriad hwnnw. Benthyciwyd miloedd o eiriau eraill o'r ieithoedd Romawns— Ffrangeg, Eidaleg ac ati. Cystwyai Grundtvig y gau gydgenedlaetholdeb a oedd yn rhemp yn Nenmarc y pryd hwnnw (fel y mae yng Nghymru o hyd) a anwybyddai gyflwr adfydus y genedl ei hun wrth ganolbwyntio ar anghyfiawnder mewn gwledydd pell. Gwyddai nad yw cydgenedlaetholdeb dilys yn bosibl dim ond ar sail cenedlaetholdeb dilys. "I'r graddau y mae cenedl yn amddiffyn yn ddewr ei rhyddid a'i hannibyniaeth, ei mamiaith a'i mamwlad," meddai, "i'r graddau hynny y mae bywyd y ddynoliaeth yn datblygu'n fwy ffrwythlon i bob cyfeiriad." Credai mai deddf sylfaenol teyrnas Dduw yw rhyddid. Rhoddai groeso brwd i estroniaid a ymdoddai i fywyd y wlad. Yn union fel y cyfrifai Cyfraith Hywel estroniaid yn Gymry pe rhoddent wasanaeth da i Gymru, felly yr ystyriai Grundtvig fod estroniaid yn perthyn i'r genedl Ddanaidd pan uniaethent eu hunain â hi.

Rhoes Grundtvig ei stamp ar fywyd Denmarc mewn llawer ffordd fel Cristion a gwleidydd—bu'n Aelod Seneddol, fel bardd a llenor, hanesydd ac athronydd, ond yn bennaf oll, efallai, fel tad yr ysgolion gwerin. Ysgolion i bobl ifainc dros eu deunaw oed oedd y rhain. Credai Grundtvig mai'r blynyddoedd a ddilynai'r deunaw sydd bwysicaf mewn addysg; dyna gyfnod 'y creu ysbrydol'. Mynnai fod y disgyblion wedi cael profiad o waith llaw cyn eu mynychu, ar fferm fel arfer, canys yr oedd Denmarc yn wlad gwbl amaethyddol y pryd hwnnw, heb ei chyffwrdd gan y chwyldro diwydiannol a weddnewidiodd fywyd Cymru. Âi gwŷr ifainc iddynt am bum mis yn ystod y gaeaf pan oedd llai o waith ar y fferm, a'r merched am dri mis yn yr haf. Bach iawn oedd y tâl. Y cyntaf a'r mwyaf o ganlynwyr Grundtvig i agor ysgol oedd Kristen Kold, mab i grydd. Ei chwaer a ofalai am y gwaith tŷ a'r bwyd syml—roedd deubwys o siwgr yn para blwyddyn. Bwthyn mawr oedd y coleg. Cysgai Kold, ei gydathro a phymtheg o ddisgyblion mewn un ystafell ar y llofft. Denodd personoliaeth gref Kold fwy o fyfyrwyr gydag amser.

Nodweddid yr ysgolion gan bwyslais Grundtvig ar hanes ac iaith a llenyddiaeth Denmarc, ond arweiniai hanes Denmarc at hanes Ewrop a'r byd ac fe'i cyplysid â dysgu daearyddiaeth. Roedd trafod problemau cymdeithas yn rhan o bob cwrs ac yr oedd lle o bwys i ganu, yn arbennig canu alawon ac emynau Danaidd. Yn ogystal â bod yn emynydd mawr, Grundtvig ei hun a greodd ganu gwladgarol

Denmarc. Dechreuwyd pob darlith â chân—baled hanesyddol a weddai i bwnc y ddarlith efallai. 'Doedd dim arholiadau ac ni châi neb sgrifennu nodiadau. Credai Grundtvig yn angerddol yn y 'Gair Byw' a ysbrydolai'r gwrandawr. Gwaith athro, meddai, yw deffro meddwl y disgybl a'i ysbrydoli fel y datblygai ei bersonoliaeth ac y deuai'n aelod gwerthfawr o'r gymuned genedlaethol. Cymhara addysg yn fynych â'r heulwen; mae addysg yn agor galluoedd cudd ysbryd fel y mae heulwen yn agor y blodyn. Dibynnai'r lles a wnâi ysgol werin, meddai, ar gael athrawon ac arweinwyr bywiog sy'n gwybod eu mamiaith ac yn caru eu gwlad. Roedd gwybodaeth lwyr o'r famiaith a'i llenyddiaeth yn hanfodol, er mai llenyddiaeth dlawd iawn oedd gan Ddenmarc o'i chymharu â llenyddiaeth Cymru. Brwydrodd Grundtvig dros wneud yr iaith Ddaneg yn gyfrwng addysg trwy holl gyfundrefn addysg y wlad pan oedd posibilrwydd cryf y disodlid Lladin gan Almaeneg fel cyfrwng yn yr ysgolion uwchradd ac mai'r Almaeneg a ddeuai'n gyfrwng yn yr ysgolion cynradd hefyd. Llwyddodd i rwystro'r newid hwnnw. Rhoes yr ysgolion gwerin arweiniad. Y famiaith biau'r frenhiniaeth absoliwt yno, meddai.

Eithr ar hanes y rhoddai'r pwyslais mwyaf, hanes fel stori bywyd Denmarc a'r hil ddynol. Âi cyn belled â honni mai: "Hanes fel profiad o fywyd ar raddfa eang yw'r ffordd orau, yn wir yr unig ffordd, i oleuo pobl ifainc yn iawn." Hanes sy'n dwyn llanc ar ei dwf, meddai, i'w weld ei hun a'i genedl fel rhan o orymdaith fawr y ddynoliaeth a rhoi iddo, trwy hynny, ymdeimlad newydd o gyfrifoldeb. Gwybodaeth o hanes sy'n peri i bobl sylweddoli beth sy'n eu dal ynghyd fel cenedl. Credai Grundtvig fod gan Dduw bwrpas i fywyd Denmarc a phob cenedl arall; galwai'r Daniaid yn aml yn 'Blantos Duw'. Wrth ddysgu hanes y byd dylai'r athro weld popeth trwy lygad Danaidd, ac wrth ddysgu hanes Denmarc dylai'r pwyslais fod ar yr hyn sy'n ysbrydoli. Meddylier am y gwahaniaeth a wnaethai addysg fel yna i ieuenctid Cymru'r can mlynedd diwethaf.

Er mor eirias oedd cariad Grundtvig at iaith a llenyddiaeth Denmarc, ac er trymed ei bwyslais ar eu dysgu, hanes y genedl a gafodd y flaenoriaeth ganddo. A allwn ddysgu oddi wrtho yng Nghymru? Rai blynyddoedd yn ôl gofynnodd Ioan Bowen Rees y cwestiwn: A arweiniodd canolbwyntio ar yr iaith at esgeuluso hanes? Y mae'n sicr fod angen yn holl ysgolion Cymru, boed cyfrwng eu haddysg yn Saesneg neu Gymraeg, rhoi pwyslais trymach ar ein hanes, cof y genedl.

Gwelwyd dylanwad adfywiol Grundtvig a'r ysgolion gwerin yn amlwg ym 1864, y flwyddyn y gorchfygwyd Denmarc gan Brwsia Bismarck, a ddygodd oddi arni ei dwy dalaith gyfoethocaf, Schleswig a Holstein, a'i gadael hi mewn dyled drom. Yn yr amgylchiadau dreng hyn profodd y wlad mai pwrpas cenedlaethol yw'r peth cryfaf ar y ddaear a gwelodd rywbeth tebyg i aileni cenedlaethol. Teimlwyd ymchwydd newydd o egni yn llifo trwy genedl a gawsai ei darostwng a'i lleihau. Bu i slogan a fynegai'r ymateb i'r argyfwng gydio yn nychymyg y bobl: "Enillwn yn fewnol yr hyn a gollasom yn allanol." Sefydlwyd hanner cant o ysgolion gwerin (y mae dros gant yn Nenmarc heddiw) a thyrrodd miloedd o ieuenctid iddynt. Ar yr un pryd ail-luniwyd cyfundrefn addysg y wlad yn ôl egwyddor-ion cenedlaethol. Adfywiwyd bywyd y genedl.

Tra codai ysbryd gwrol yn Nenmarc allan o ing ei gorchfygiad darostyngwyd ysbryd Cymru gan daeogrwydd ei dosbarth canol a brad ei deallusion. Angau'r iaith a ragwelai ac a ddymunai'r rhain, a marwolaeth dawel y genedl er mwyn cael bod yn rhan o Loegr fawr. Tra ffrydiai bywyd trwy wythiennau Denmarc gan rymuso ei hewyllys i fyw, yr ewyllys i farw a feddiannai Gymry'r oes. Olrheiniwyd yr hanes yn llyfr disglair Hywel Teifi Edwards, *Gŵyl Gwalia*. Mynegodd Syr John Rhys agwedd gyffredin deallusion Cymru yn Eisteddfod Lerpwl ym 1871, pan oedd tua 70% o'r genedl yn siarad Cymraeg: "Gan fod ein mam-iaith yn ymadael gadawer iddi ymadael mewn heddwch." Adleisiwyd hyn gan y wasg leol o Gaernarfon i Ferthyr Tudful, hen ganolbwynt diwylliannol y genedl. Mynnai'r *Caernarvon and Denbigh Herald* fod y Gymraeg ar farw, "and will in a generation or two swell the lists of those denominated 'dead'... Progress is now the great aim of all." Ac meddai'r *Merthyr Guardian,* "The greater must absorb the less—the weakest must go to the wall... Welsh is dying out—'let it die'... but let it go out by a gradual process, befitting a venerable and honoured tongue." Pam hyn? O achos, meddai Talhaiarn, "we now form an integral portion of the great nation whose flag waves on every sea and in every clime." Datblygwyd y thema gan Dr. Thomas Nicholas, un o bennaf deallusion yr oes, a gystwyai,

> "the cultivation of a narrow feeling of nationality on the part of the Welsh... the Welsh should feel that they and the English are ethnologically one people, and it is better that they should share in the honour and dignity, the intelligence and enterprise of England, than rest contented with the obscurity which blind adherence to antiquated customs, and to a speech which can never become the vehicle of science or commerce, must entail upon them *(megis Denmarc).* The Welsh, like the Scotch, should aspire to be in intelligence, enterprise, culture, all that the English are..."

Dod yn Saeson oedd y dyfodol gorau i bawb call. Yn wir credai rhai fod y Cymry eisoes wedi cyrraedd yr uchel nôd honno. Cyhoeddodd Hussey Vivian, A.S., yn Eisteddfod Abertawe ym 1863: "Remember you are all Englishmen though you are Welshmen... Depend upon it we must consider ourselves Englishmen." A allai Cyngor Lliw neu Ogwr ddoedyd yn amgenach?

Draw yn Nenmarc lledodd y balchder a grewyd yn hanes ac iaith y genedl drwy gyfrwng yr ysgolion gwerin yn donnau o oleuni trwy'r wlad fel cylchoedd mewn dŵr. Arweiniodd hynny at ffenomen a elwid yn Chwyldro Diwylliannol Denmarc. Daeth darlithiau cyhoeddus ar bob math o destunau yn boblogaidd trwy'r wlad. Buasai'r ddarlith gyhoeddus yn nodwedd o fywyd Cymru ers degau o flynyddoedd, a pharhaodd yn ei bri yn y Gymru Gymraeg hyd ganol y ganrif hon. Gallai darlithiwr poblogaidd lanw capel hyd at y chwe-degau; roedd yn ffordd gyffredin o godi arian at achos da. Mwy na hynny, roedd gan bob capel ei chymdeithas ddiwylliadol a fyddai'n cwrdd yn wythnosol. Roedd hyn yn un o sefydliadau'r diwylliant deallusol gwerinol a oedd ynghlwm wrth yr iaith Gymraeg. Am chwarter canrif, o ddiwedd y tri-degau ymlaen, cefais brofi diddordeb y Cymry ym mhethau'r meddwl wrth annerch cannoedd o gyrddau'r cymdeithasau hyn ar hyd a lled y de, yn y rhannau gwledig a diwydiannol fel ei gilydd. Deuai cynulliadau sylweddol ynghyd, yn amrywio o ran nifer o rhwng hanner cant a deucant. Synnais weld, y troeon y bûm yn Nowlais, er enghraifft, lle'r oedd yr iaith ar drai mor gyflym, fod 150-200 yn y gynulleidfa. Tystiai'r cymdeithasau hyn i bosibiliadau Cymru pe câi fyw fel cenedl.

Yn Nenmarc cafodd yr ysgolion gwerin ddylanwad mawr ar fywyd gwleidyddol y wlad ac effaith ryfeddol ar ei bywyd economaidd. Daeth eu cynddisgyblion yn aelodau o gynghorau lleol, sy'n llai eu maint ac yn rymusach eu galluoedd ym mhob gwlad Sgandinafaidd nag ydynt yng Nghymru. Ym 1903 roedd 36% o'r aelodau seneddol wedi cael addysg ysgol werin a chodwyd plaid wledig nerthol ganddynt i hyrwyddo buddiannau'r ffermwyr. Hyd at ddiwedd y ganrif ddiwethaf dibynnai Denmarc bron yn llwyr ar ei hamaethyddiaeth; gwladwyr oedd mwyafrif mawr ei phoblogaeth. Gweddnewidiwyd amaethyddiaeth gan y mudiad cydweithredol a ddatblygodd o dan arweiniad cynddisgyblion yr ysgolion gwerin. Yn naw-degau'r ganrif ddiwethaf roedd 54% o gadeiryddion hufen-feydd cydweithredol, a 47% o'r rheolwyr, wedi mynychu ysgolion gwerin. Pan gollwyd y farchnad am rawn Danaidd yn yr wyth-degau o achos cystadleuaeth o du Yr Unol Daleithiau cyflawnwyd, o dan arweiniad y gwŷr hyn, y gamp fawr o newid sail amaethyddiaeth yn llwyr. Trôdd y ffermwyr oddi wrth gynhyrchu grawn at gynhyrchu cig moch a chynhyrchion llaeth o'r radd flaenaf. Eu dulliau cydweithredol a wnaeth y llwyddiant ysgubol hwn yn bosib, a'r gwladgarwch a feithrinwyd gan y wybodaeth am hanes a llenyddiaeth y wlad a gawsant yn yr ysgolion gwerin a wnaeth y cydweithrediad economaidd arloesol hwn yn bosib. Dysgwyd llawer oddi wrth Robert Owen a fu'n fwy o enw yn Nenmarc nag yng Nghymru; ond dysgodd y Cymry hwythau lawer am gydweithrediad oddi wrth y Daniaid. Pan sefydlwyd y mudiad cydweithredol yma yn nechrau'r ganrif âi dirprwyaethau Cymreig draw i Ddenmarc i astudio'r hyn a wneid yno. Diau i'r ffaith fod 98% o ffermwyr Denmarc yn berchen ar eu ffermydd wedi bod yn help mawr i'w llwyddiant, ond ni chyfrannwyd fawr ddim at lwyddiant amaethyddiaeth Denmarc gan ansawdd y tir, sy'n ddigon symol. Disgrifiwyd Jutland, sef tri chwarter arwynebedd y wlad, fel tywyn enfawr.

* * * * * *

  Syrthiodd nifer ffermydd Denmarc i'r hanner yn ystod y genhedlaeth ddiwethaf; dim ond 6% o'r gweithwyr sy'n gweithio ar y tir bellach. Diwydiannwyd ac wrbaneiddiwyd y wlad. Llwyddwyd i'w diwydiannu er na fu ganddi ddim debyg i'r cyfoeth adnoddau naturiol a feddai Cymru—dim glo, dim mwynau haearn a chopr, dim adnoddau dŵr. Araf yw llif afonydd bach y wlad ddifynydd hon; mae'r 'mynydd' mwyaf yn llai na chwe chan troedfedd o uchder. Bu'n rhaid i Ddenmarc fewnforio ei thanwydd a'i hadnoddau crai. Gyda chyfoeth mawr ei hadnoddau naturiol a'i thraddodiad diwylliannol dylai Cymru fod dipyn yn fwy ffyniannus na Denmarc, a diau y byddai oni bai am ei chaethiwed gwleidyddol.

  Adnoddau cyfoethocaf Denmarc yw galluoedd a doniau ei phobl. Gyda chymorth addysg dechnegol o safon uchel creodd ddiwydiannau llewyrchus. At ei gilydd, diwydiannau bach ydynt, a'r mwyafrif helaeth yn fach iawn, yn cyflogi rhwng un a deg o bobl. Dim ond 1% o'i diwydiannau sy'n cyflogi mwy na chant o bobl; tua chwarter gweithwyr y wlad a gyflogir gan y rhain. Y diwydiant mwyaf fu'r diwydiant adeiladu llongau. Pan dorrodd y rhyfel diwethaf allan roedd bron i hanner y llongau a hwyliai foroedd y byd yn defnyddio peiriannau dîsl a wnaed yn Nenmarc. Y mae enw da trwy'r byd i'w pheirianneg hi, tra y dengys enw Niels Bohr, un o sylfaenwyr ffiseg niwcliar modern, fod ei gwyddonwyr hefyd yn gallu cyrraedd y brig.

Yn yr un modd ag y rhagorai Cymru ar Ddenmarc o ran adnoddau economaidd felly hefyd, hyd at y cenedlaethau diwethaf, y rhagorai o ran iaith a llenyddiaeth. Unig lenyddiaeth Denmarc cyn yr unfed ganrif ar bymtheg oedd arysgrifau Rwnig a pheth hen faledi. Doedd dim byd yn ysgrifenedig yn iaith y wlad rhwng y chweched ganrif a'r unfed ganrif ar bymtheg, y cyfnod maith pan oedd llenyddiaeth Cymru'n un o lenyddiaethau mawr Ewrop. Ni ddechreuodd llenyddiaeth Denmarc, mewn gwirionedd, cyn cyfieithu'r Beibl i'w hiaith ym 1556, ugain mlynedd ar ôl y Ddeddf Ymgorffori a glwyfodd y Gymraeg bron hyd angau. Llyfrau crefyddol yn bennaf a gyhoeddwyd yn Nenmarc yn ystod y ganrif a hanner dilynol. Y bardd a'r dramodydd Holberg yn y ddeunawfed ganrif, gŵr o Bergen yn Norwy, yw gwir sylfaenydd llenyddiaeth Ddanaidd a Norwyaidd—defnyddiai'r ddwy wlad yr un iaith lenyddol. Cynhyrchodd Holberg ddramâu a barddoniaeth o'r radd flaenaf, ac fe roddodd wybod i'r byd, mewn Lladin, fod gan Ddenmarc, bellach, ei llenyddiaeth ei hun ac mai ef a'i creodd.

O blith sgrifenwyr y ganrif ddiwethaf Hans Andersen a Søren Kierkegaard yw'r enwocaf. Y mae gwaith Andersen yn rhan o lenyddiaeth y byd; fe'i cyfieithiwyd i dros gant o ieithoedd. Cyneuodd Kierkegaard dân o deimlad dros y ddaear oll. Cynhyrchwyd dylunwyr a phenseiri nodedig gan Ddenmarc; pensaer Danaidd a ddyluniodd Dŷ Opera Sidney. Ei sefydliad diwylliannol enwocaf yw'r Cwmni

Bale Brenhinol a ffurfiwyd dros gant a hanner o flynyddoedd yn ôl. Y mae galw trwy'r byd am y cwmni hwn sy'n ymwelydd cyson â Covent Garden. Y Theatr Frenhinol yn Copenhagen yw ei gartref. Ceir deg theatr yn y ddinas hardd honno.

* * * * * *

Y mae Ynysoedd Ffaero, deunaw ohonynt, yn rhan o Ddenmarc er eu bod dros fil o filltiroedd o Copenhagen. Eu cymydog agosaf yw ynysoedd Shetland sy'n ddau can milltir i ffwrdd, a gorwedd Gwlad yr Iâ, a wladychwyd gan Ficingiaid yn y nawfed ganrif, dri chan milltir i'r gogledd-orllewin. Yr hyn sy'n drawiadol am Ynysoedd Ffaero yw eu bod, er lleied eu poblogaeth, yn ymreolus ac yn llwyddo'n dda. Cododd mudiad cenedlaethol yno yng nghanol y ganrif ddiwethaf, fel y digwyddodd ymron ymhob cenedl fach Ewropeaidd oddieithr Cymru a'r Alban. Naw mil oedd poblogaeth yr ynysoedd y pryd hwnnw, ond roedd ganddynt eu hiaith eu hunain, sy'n debyg i iaith Gwlad yr Iâ. Doedd hi ddim yn iaith ysgrifenedig, fwy nag oedd ieithoedd Norwy a'r Ffindir, Latfia ac Estonia yng nghanol y ganrif, yn gwbl wahanol yn hynny o beth i'r iaith Gymraeg. Serch hynny, yr iaith, llên-gwerin a baledi llafar oedd sail cenedlaetholdeb yr ynyswyr. Cynhyrfodd y deffroad cenedlaethol ŵr o'r enw Hammershaimb, a astudiai lên-gwerin, i greu iaith ysgrifenedig. Yn gynnar yn y ganrif hon dechreuwyd ei defnyddio mewn ysgol ac eglwys (Lwtheraidd yw'r eglwysi). Ym 1938 daeth iaith Ffaero yn unig gyfrwng addysg yr ysgolion. O gofio sefyllfa esgymun yr iaith Gymraeg yr adeg honno a'i hir hanes fel iaith lenyddol, onid yw hyn bron yn anhygoel ac yn codi cywilydd arnom? Wedyn arweiniodd gwaith y blaid genedlaethol at ddatblygiadau economaidd a gwleidyddol. Cafwyd gwared ar fonopoli masnachol Denmarc. Crewyd economi fodern sy'n dibynnu ar bysgod a diwydiannau perthnasol. Defaid yw sail amaethyddiaeth yr ynysoedd. Adferwyd yr hen senedd ac ym 1948, pan oedd y boblogaeth wedi cynyddu i tua 30,000, cawsant hunanlywodraeth o dan awdurdod Denmarc, gyda'u harian a'u baner eu hunain a'r iaith yn gydradd â'r Ddaneg. Gyda'r datblygiad economaidd hwn y mae eu safon byw yn uchel a deil y boblogaeth i dyfu. Ym 1986 roedd y boblogaeth yn 46,00, tua maint tref Y Barri. O'r rhain y mae 15,000 yn byw yn y brifddinas, Thorshavn, lle y mae theatr a cherddoriaeth, gorsaf radio a theledu a lle cyhoeddir papurau, cylchgronau a llyfrau yn yr iaith frodorol.

* * * * * *

I ddychwelyd i'r tir mawr yn Nenmarc, tra oedd Cymru'n faes ecsbloetiaeth economaidd na reolwyd mohono er lles y genedl roedd llywodraeth Denmarc yn creu amodau economi gytbwys a gynhaliai gymdeithas wâr a chyfiawn. Rhennir cyfoeth yn fwy cyfartal yno nag yn y rhan fwyaf o wledydd, gyda llai o wahaniaeth rhwng tlawd a chyfoethog, ac nid oes yno ddim byd tebyg i'r rhaniadau dosbarth a geir yn Lloegr. Does dim tlodi na militariaeth na thrais na hiliaeth yn Nenmarc, na phroblemau yng nghanol ei dinasoedd na dim diweithdra torfol. Diddymwyd ym 1849 bob braint a berthynai i deitl neu safle cymdeithasol ac ni chrewyd yr un teitl newydd oddi ar hynny. Arwydd o ddynoliaeth y wlad yw ei bod yn un o'r pedair gwlad Ewropeaidd a gyrhaeddodd darged y Cenhedloedd Unedig mewn cymorth i wledydd datblygol; Norwy, Sweden a'r Iseldiroedd yw'r tair arall, gwledydd bach bob un. Aeth Denmarc ymhell y tu hwnt i'r targed ac erbyn 1992 bydd ei chyfraniad deirgwaith gymaint â'r cyfartaledd Prydeinig. Ym 1987 dim ond 0.28% o'i chynnyrch cenedlaethol a gyfrannodd Prydain Fawr i gymorth tramor: dwy yn unig o'r deunaw gwlad sy'n rhoi cymorth a gyfrannodd lai. Prin bod hyn yn dystiolaeth argyhoeddiadol i honiad Mrs Thatcher: "As the British grow richer they share the fruits of their work with others. Their generosity is greater than ever." Cydnabyddir bod safon ei gwasanaethau cymdeithasol, fel rhai pedair gwlad arall Llychlyn, yn uwch na'r safon ym Mhrydain. Gwaria Denmarc draean o'i chyllideb arnynt. 7.2% o'i chyllideb a waria ar arfau rhyfel o'i gymharu â'r 12.6% sy'n cael ei wario ym Mhrydain. Nodweddiadol yw'r gofal a gymer hi, a'r holl genhedloedd bach o gwmpas Môr y Baltig o ran hynny, am fuddiannau ecolegol. Er enghraifft, ymdrechir yno i ddatblygu dulliau cynhyrchu ynni nad ydynt hefyd yn llygru'r amgylchedd. Cwyd filoedd o felinau gwynt trwy'r wlad, weithiau mewn parciau gwynt. Yn Nenmarc y mae'r parc gwynt mwyaf yn Ewrop; cynhyrcha'r pum melin wynt sydd ynddo ddigon o drydan i gyflenwi anghenion dwy fil o dai annedd. Gobeithir y bydd melinau gwynt erbyn 1990 yn cynhyrchu rhwng tri a phedwar y cant o holl anghenion ynni'r wlad.

Gwyn ein byd ni pe bai Cymru hithau'n rhydd i weithredu yn ôl ei gwerthoedd hi'i hunan.

Gwlad yr Iâ

Reykjavik, prifddinas Gwlad yr Iâ

Y mae poblogaeth Caerdydd yn fwy na phoblogaeth Gwlad yr Iâ, ac y mae dwywaith cynifer o bobl yn siarad Cymraeg ag sy'n siarad ei hiaith hi. Fel yng Nghymru, ei hiaith, yn bennaf, a'i gwnaeth yn genedl. "Fe'n hatgoffir yn aml mai iaith Gwlad yr Iâ yn hytrach na dim byd arall sy'n ein gwneud yn genedl." Dyna a ddywedodd Vigdis Finnbogadottir, y wraig ifanc sy'n Arlywydd y wlad er 1980.

Er ei lleied, y mae Gwlad yr Iâ yn byw bywyd cenedlaethol cyflawn a phwrpasol o dan ei sefydliadau annibynnol ei hun. Cymer ei lle yn y bywyd cydwladol, lle y gwnaeth argraff ymhell y tu hwnt i'r gymhariaeth â'i maint tiriogaethol. Y mae'n aelod o'r Cenhedloedd Unedig a phob un o'r sefydliadau perthynol, megis y Banc Cydwladol a'r Gronfa Ariannol Gydwladol (IMF). Yng Nghynulliad y Cenhedloedd Unedig, lle yr eistedd cynrychiolwyr y gwledydd yn ôl trefn y wyddor, y mae cynrychiolwyr Iceland yn eistedd nesaf at India. Pe bai Cymru'n aelod o'r Cenhedloedd Unedig (a pha reswm digonol sydd dros iddi beidio â bod?) fe eisteddai ei chynrychiolwyr hi rhwng Venezuela a Yemen. Ond pobl a enwebir gan Mrs Thatcher sy'n cynrychioli Cymru mewn sefydliadau cydwladol.

Safle daearyddol Gwlad yr Iâ, sy'n ynys (yr un gair yw Iceland ag island; does a wnelo fe ddim ag iâ) ymhell o bwysau pob gwlad fawr, a wnaeth ei rhyddid yn bosibl er nad yn anorfod. Gan fod ynddi adnoddau naturiol gwerthfawr bu'n rhaid wrth ymdrech i ennill a chadw ei hannibyniaeth. Oni bai am nerth ei chenedlaetholdeb mae'n siŵr na fyddai'r genedl fechan hon yn mwynhau safle cenedlaethol cyflawn; safle trefedigaethol fyddai ganddi gyda senedd i reoli ei bywyd mewnol.

Gwlad wag o bobl oedd Gwlad yr Iâ pan wladychwyd hi yng nghyfnod Hywel Dda yng nghanol oes fawr y Ficingiaid. Uchelwyr o Norwy a'u canlynwyr oedd mwyafrif y gwladychwyr, ond nid y cyfan. Deuai un neu ddau o bob pump ohonynt o'r Alban, Iwerddon ac Ynys Manaw, gan ddwyn elfen Geltaidd i'r wlad, yn gymysg â'r elfen Almaenaidd. Sefydlwyd yno gynulliad llywodraethol tebyg i'r cynulliad a sefydlodd Cymry'r Wladfa ym Mhatagonia. Yr *Althing* oedd ei enw, a dyna enw senedd Gwlad yr Iâ heddiw. Credir mai 930 oedd blwyddyn sefydlu'r *Althing;* dyma'r cyfnod y dywedir i'r cynulliad yn Hendy-gwyn ar Daf gael ei alw gan Hywel Dda i roi trefn ar gyfreithiau Cymru. Parhaodd trefn ddifrenin yno am bedair canrif. Gweriniaeth oedd Gwlad yr Iâ a gweriniaeth yw hi heddiw. Daeth ei hoes aur i ben ugain mlynedd union cyn lladd y Tywysog Llewelyn yng Nghilmeri. Ymgorfforwyd hi yn Norwy y pryd hwnnw o dan lywodraeth brenin Norwy. Pan unwyd Norwy a Denmarc o dan goron Denmarc yn oes Owain Lawgoch, brenin Denmarc a'i llywodraethodd, a pharhaodd Denmarc i'w rheoli hyd ddechrau'r ganrif hon.

Tlawd a thruenus fu bywyd pobl Gwlad yr Iâ trwy'r cyfnod maith pan berthynai i Ddenmarc. Yn ystod y ganrif ddiwethaf, fodd bynnag, dechreuodd digwyddiadau yn Ewrop gyffwrdd â meddwl ei phobl am y tro cyntaf erioed. Deffrôdd ysbryd cenedlaethol yn y boblogaeth fach o dan arweiniad Jon Sigurdsson, gŵr a anrhydeddir heddiw fel sylfaenydd Gwlad yr Iâ fodern. Iaith ac addysg oedd prif arfau ei genedlaetholdeb; o lenyddiaeth gynnar y wlad y tarddodd yr ysbrydoliaeth. Buan y gwelwyd ffrwyth gwleidyddol, er i Ddenmarc wrthwynebu pob cam ymlaen ar y sail mai hi a gynhaliai Wlad yr Iâ yn ariannol. Atebodd Sigurdsson hyn trwy amcangyfrif faint o arian oedd wedi mynd o'r Ynys i Ddenmarc yng nghwrs hanes. Yn yr un modd gallwn ni ofyn faint o arian a lifodd i Loegr o'r diwydiant glo Cymreig yn unig? Pe cawsai'r ddegfed ran o'r swm enfawr hwnnw ei fuddsoddi yn ôl yng Nghymru byddai golwg wahanol ar ein gwlad. Yn nechrau'r ganrif enillodd Gwlad yr Iâ hunanlywodraeth; dim ond am ei pholisi tramor ac amddiffyn milwrol y gofalai Denmarc. Poblogaeth y wlad ymreolus hon oedd 78,000. Ar yr adeg hon yr oedd yng Nghymru 281,000 o Gymry uniaith, bron i bedair gwaith cymaint â holl boblogaeth Gwlad yr Iâ.

Llwyddwyd i adfywio'r *Althing* ar ôl ymryson ynghylch ei leoliad. Dymunai'r cenedlaetholwyr ceidwadol ei weld ar yr hen safle gwledig tra mynnai'r modernwyr, gyda Sigurdsson ar y blaen, ddatblygu cymdeithas fodern gyda phrifddinas yn ei chanol. Reykjavik oedd eu dewis hwy, a Reykjavik a orfu. Prin fod y dref yn fwy na phentref ar y pryd, ond tyfodd yn gyflym ac yn gyson. Erbyn 1940 roedd y boblogaeth yn 38,000. Heddiw y mae 132,000, sef dros hanner poblogaeth y wlad, yn byw yn y brifddinas a'i chyffiniau.

Nid oedd y mesur o ymreolaeth a gafwyd yn dderbyniol i'r cenedlaetholwyr, ac ychydig flynyddoedd ar ôl cyfnod Cymru Fydd helaethwyd galluoedd yr *Althing.* Crewyd hefyd nifer o sefydliadau megis banc cenedlaethol a phrifysgol ym 1911. Pan oresgynnwyd Denmarc a Gwlad yr Iâ gan Yr Almaen ym 1940 torrwyd pob cysylltiad rhwng y ddwy wlad, gan roi hwb mawr i'r ymdrech dros annibyniaeth. Disodlwyd yr Almaenwyr gan yr Americanwyr a thua diwedd y rhyfel, pan oedd yr Americanwyr yn dal yng Ngwlad yr Iâ, cynhaliwyd refferendwm i benderfynu a oedd y wlad am aros yn rhan o Ddenmarc ai peidio. Pleidleisiodd 98% o'r bobl mewn oed ynddo. Roedd yr agwedd urddasol a ddangosodd at ddyfodol y genedl fach yn gwbl wahanol i'r agwedd ddirmygus o daeogaidd a amlygwyd at Gymru gan ei phobl yn refferendwm 1979. Pleidleisiodd 356 yn unig dros gadw cysylltiad â Denmarc a 73,536 o blaid arwahanrwydd llwyr. Sefydlwyd Gweriniaeth Gwlad yr Iâ yn ystod y mis canlynol, ar 17 Mehefin 1944. Byth wedyn mwynhaodd drefn ymreolus sefydlog, fel arfer o dan lywodraethau clymblaid o sosialwyr ac un neu ddwy blaid arall. Ni fu amddiffyn buddiannau'r wlad fach heb ei drafferthion. Ceisiodd yr Americanwyr gadw eu lluoedd yno wedi'r rhyfel a bu'n rhaid wrth ymdrech ddygn i gael eu gwared. Ni lwyddwyd yn llwyr eto. Eithr cafwyd buddugoliaeth lwyr yn y ddau 'ryfel cod' i amddiffyn ac ymestyn y meysydd pysgota a gâi eu herydu gan bysgota rhy drwm, er y bu'n rhaid i bump llong arfog fygwth saethu at longau pysgota Prydeinig cyn llwyddo. Ni fentrodd yr un llong bysgota Brydeinig i'w moroedd er 1976. Y llongau bach arfog hyn, gydag un dryll bob un, yw'r unig nerth arfog sydd gan Wlad yr Iâ; nid oes un milwr yn y wlad.

Gyda'r hyder a'r egni a ryddhawyd gan ei chenedlaetholdeb cryfhawyd yr economi, datblygwyd ei diwylliant a thyfodd y boblogaeth. Yn nechrau'r ganrif ddiwethaf 'doedd y boblogaeth yn ddim ond 47,240, sef yn llai nag yr oedd ganrif ynghynt. Erbyn 1901 cododd i 78,470. Sylwer ar y ffigwr hwn, canys yn ôl cyfrifiad y flwyddyn honno yng Nghymru yr oedd 131,000 o Gymry uniaith. Hynny yw, yn nechrau'r ganrif hon roedd trigain y cant yn fwy o Gymry uniaith nag oedd o boblogaeth yng Ngwlad yr Iâ. Ym 1944, pan ddaeth Gwlad yr Iâ yn wladwriaeth annibynnol, tua 125,000 oedd ei phoblogaeth. Erbyn heddiw y mae ei phoblogaeth yn 244,000, sy'n sylweddol fwy na phoblogaeth Cymru yn oes Glyndŵr. Cyn iddi gael llywodraeth llifai pobl allan o'r wlad. Yn ystod cenhedlaeth olaf y ganrif ddiwethaf ymfudodd y bumed ran o'r holl boblogaeth i'r Unol Daleithiau a Chanada. Nid oes fawr neb yn ymadael bellach. Mor wahanol yw'r sefyllfa Gymreig. Mewn pum mlynedd y mae mwy na holl boblogaeth Gwlad yr Iâ yn ymadael â Chymru.

Y prif reswm dros sefydlogrwydd poblogaeth Gwlad yr

Iâ yw bod gwaith yno i'w phobl ifainc ac i bawb arall. 0.7% oedd cyfartaledd y di-waith ym 1986, tua'r un lefel â'r Swistir. Problem Gwlad yr Iâ yw prinder gweithwyr. Rhaid dwyn gweithwyr i mewn, o Brydain Fawr o bob-man. Uwchben erthygl yn y *Guardian* ar ddiwrnod olaf 1987 yr oedd pennawd bras ar draws pum colofn, *Britons Take Iceland's Dirty Jobs.* Soniai am Saeson, dinasyddion hen wlad ymerodrol a beintiodd bumed rhan o'r byd yn goch, yn gorfod ennill cyflog yng Ngwlad yr Iâ wrth ddiberfeddu pysgod.

Onid yw'n arwyddocaol fod llywodraeth Prydain a'r gwrthbleidiau bob amser yn cymharu diweithdra Prydeinig â'r sefyllfa yn y gwledydd cyfalafol mawr? Pam na chaiff y 13% sy'n ddi-waith yng Nghymru eu cymharu ganddynt â'r sefyllfa yn y naw gwlad fach a drafodir yn y llyfr hwn, ac eraill megis Sweden?

Nid yw manteision economaidd Gwlad yr Iâ yn gor-wedd yn naear y wlad. Ychydig dros wyth gant o ffermwyr sydd yn y wlad i gyd. Y mae ganddi ddyfroedd helaeth sy'n cynhyrchu heidro-drydan gogyfer â'i diwydiannau cynyddol, gan raddol ddisodli olew fel ffynhonnell ynni, ac y mae cynlluniau ar gerdded i'w datblygu ymhellach. Yn ystod y deng mlynedd nesaf gobeithir dyblu'r trydan a gynhyrchir, ac allforio i Brydain fwy nag y bydd gorsaf niwcliar enfawr Sizewell yn ei gynhyrchu, a'i gynhyrchu ar hanner cost trydan Sizewell. Daeth cynigion i gyllido'r cynllun oddi wrth fanciau yn Llundain a Siapan. Fel Iwerddon, y mae ar Wlad yr Iâ ofn gorsafoedd niwcliar Prydain. Eisoes protestiwyd bod gorsaf niwcliar Dounreay yn niweidio'r diwydiant pysgota wrth lygru'r môr.

Ar wahân i heidro-drydan y mae gan y wlad gyfoeth o ddŵr poeth a gwyd o'r geyserau mawr. Y rhain yw'r ffynhonnau ond nid hwn yw'r dŵr y bu'r Ficingiaid yn ymdrochi ynddo. Hwy sy'n cyflenwi dŵr poeth i'r cyfan o ddinas Reykjavik. Caiff y dŵr ei bwmpio trwy gyfundrefn twymo'r ddinas ar wres o 85°C. Rhed y pibau o dan balmantau'r strydoedd er mwyn toddi'r eira, ac y mae gwres y tai mor uchel nes bod yn rhaid agor y ffenestri ganol gaeaf.

Pysgod y môr yw prif ffynhonnell cyfoeth y wlad. Hwylia ei 825 llong bysgota o borthladdoedd a gedwir yn ddi-rew trwy'r flwyddyn gan Lif y Gwlff sy'n arllwys 4-5 biliwn o dunelli o ddŵr trofannol bob eiliad i'r moroedd amgylchynol. Hyn sy'n cadw hinsawdd ei glannau môr yn gyson fwyn. Diau fod ei hinsawdd iachus yn gymorth i iechyd ei phobl ac yn rhannol esbonio'r ffaith bod ei gwragedd yn byw hyd at bedwar ugain oed ar gyfartaledd, a'r gwŷr hyd at 74 oed. O bob gwlad yn y byd, yng Ngwlad yr Iâ y mae pobl yn byw hwyaf.

Hyd yn ddiweddar amaethyddiaeth a physgota oedd yr unig ddau ddiwydiant o bwys yn y wlad, eithr erbyn hyn y mae diwydiannau eraill yn cyflogi mwy o bobl na'r ddau ddiwydiant hyn gyda'i gilydd, ac y mae twristiaeth yn peri incwm cynyddol. Cynhelir safon byw yno sy'n sylweddol uwch na Chymru. Arwydd ohono yw bod mwy o geir modur y fil o bobl yno na'r un wlad yn y byd, a bod 525 teleffon gogyfer â phob mil o bobl. Y mae naw o bob deg o'r tai yn eiddo i'r rhai sy'n byw ynddynt.

Y mae gan y wlad fach iawn hon wir brifddinas, a hynny o achos mai yn Reykjavik y mae ei senedd a'i llywodraeth. Er nad oes yn y dref un adeilad sy'n fwy na deucant oed y mae presenoldeb ei sefydliadau llywodraethol yn rhoi iddi urddas a safle cydwladol na pherthyn i Gaerdydd. Onid yno y cyfarfu Reagan a Gorbachev am y tro cyntaf? Heb senedd na llywodraeth ynddi, cymeriad taleithiol sydd i brifddinas Cymru. Tra bo Reykjavik yn hysbys trwy'r byd, pwy glywodd sôn am Gaerdydd, nac am Gymru o ran hynny? Y statws cydwladol a roddir gan senedd a llywodraeth yw'r hysbysebiad gorau posibl i wlad a'i phrifddinas. Dwg canlyniadau masnachol a diwydiannol helaeth yn ei sgîl. Rhyfedd, gan hynny, nad ymdaflodd pobl Caerdydd i'r mudiad i ennill yr hunanlywodraeth a weddnewidiai statws y ddinas.

Adlewyrchir llewyrch y wlad gan y sefydliadau cenedlaethol a geir yn y brifddinas, y Llyfrgell Genedlaethol, yr Amgueddfa Genedlaethol a'r Amgueddfa Hanes Bywyd Naturiol, yr Oriel Genedlaethol a'r Theatr Genedlaethol. Mae yno gerddorfa simffoni, coleg cerdd, gorsafoedd radio a theledu, dwy theatr broffesiynol fasnachol a phump papur dyddiol. Yno y mae'r Brifysgol Genedlaethol gyda'i phedair mil o fyfyrwyr. Hyn oll mewn prifddinas gwlad lai ei phoblogaeth na Chaerdydd.

Wrth ymladd dros sianel deledu Gymraeg defnyddiem esiampl Gwlad yr Iâ i gwrdd â'r ddadl ei bod yn afresymol disgwyl cael 25 awr o raglenni teledu'r wythnos gogyfer â dim ond hanner miliwn o Gymry Cymraeg. Darlledai Gwlad yr Iâ gymaint â hynny o oriau o raglenni i lai na dau can mil o bobl. Eithr fel cyfrwng rhaglenni deallusol y mae'r radio yno yn llawer pwysicach na'r teledu.

O ble daeth yr egni creadigol hwn sydd yn gefn i lewyrch economaidd a diwylliannol cymuned genedlaethol mor fechan? Yr un yw'r ateb yng Ngwlad yr Iâ ag yn hanes pob un o'r gwledydd bach a drafodir yn y llyfr hwn. Cenedlaetholdeb a esgorodd ar yr egni. Ni wnaeth yr un wlad fodern, fawr neu fach, ddim byd mawr heb ysbrydoliaeth grym moesol cenedlaetholdeb. Fel yn hanes y rhan fwyaf o'r cenhedloedd bach, yr iaith a borthai wladgarwch y bobl. Y mae eu cymeriad cenedlaethol yn ganlyniad i'r berthynas rhwng y bobl, eu hiaith a natur. Hen lenyddiaeth ei Hoes Aur yw sylfaen ysbrydoliaeth yr iaith.

Diogelwyd corff godidog o farddoniaeth a rhyddiaith Gwlad yr Iâ mewn llawysgrifau sy'n dyddio rhwng y drydedd ganrif ar ddeg a'r bymthegfed ganrif. Ceir yn y caneuon hynaf ddarlun heb ei ail o fywyd y llwythau Almaenig yng nghyfnod y symudiadau llwythol mawr a fu rhwng y bedwaredd a'r chweched ganrif, ac a ddymchwelodd yr Ymerodraeth Rufeinig a goresgyn Lloegr. Nhw yw'r ffynhonnell wybodaeth bwysicaf am natur bywyd yr

Anglo-Sacsoniaid. Offeiriaid a myneich yr Eglwys Gatholig, ac yn ddiweddarach clerigwyr Lwtheraidd, a ddiogelodd y caneuon cyn-Gristnogol hyn, a hwy hefyd a gadwodd ryddiaith sagâu'r llawysgrifau. 'Does dim llenyddiaeth debyg i'r campweithiau hyn gan Norwy a Denmarc er mai'r un bobl oeddynt â phobl Gwlad yr Iâ, a 'does fawr ddim sy'n dyddio o'r Oesoedd Canol gan Sweden ychwaith. Ond gan na ddaeth yr hen lenyddiaeth hon yn adnabyddus hyd y ganrif ddiwethaf ni ddylanwadodd ar Ewrop o gwbl fel y gwnaeth y chwedlau Arthuraidd.

Eithr os na ddylanwadodd llenyddiaeth Gwlad yr Iâ ar Ewrop bu ei dylanwad ar Wlad yr Iâ ei hunan yn enfawr. Hi oedd ffynhonnell ysbrydoliaeth gwladgarwyr canol y ganrif ddiwethaf. Bu ei heffaith yn fwy am fod y bobl yn dal i allu deall iaith yr Oesoedd Canol. Ni newidiodd iaith y wlad fawr ddim oddi ar hynny. Erbyn hyn, cyhoeddwyd astudiaethau lu o'r hen ganeuon a'r sagâu. Nid oes neb sy'n fwy o awdurdod arnynt na'r llenor Cymreig, Gwyn Jones. Ar ôl cyhoeddi ei gyfrol fawr, *A History of the Vikings,* fe'i gwnaed yn Farchog Urdd yr Hebog gan Arlywydd Gwlad yr Iâ. Cyhoeddodd sawl astudiaeth o hen lenyddiaeth Gwlad yr Iâ. Y mae un o'i ysgrifau yn cymharu techneg y saga â 'Culhwch ac Olwen', ac y mae un arall yn cymharu prif gymeriad y saga â Llywarch Hen.

Go ddiffaith, yn llenyddol, fu'r canrifoedd a ddilynodd yr Oes Aur ond bu cyhoeddi cyfieithiad o'r Beibl ym 1584 (argraffiad diwygiedig ym 1912) yn ddigwyddiad o bwys mawr. Yn y ganrif nesaf canai Peturson, emynydd mwyaf y wlad, ond tenau iawn fu'r llif llenyddol hyd y can mlynedd diwethaf. Ym 1955 enillodd Halldor Laxness Wobr Nobel am nofelau sy'n rhoi darlun byw o bobl a bywyd Gwlad yr Iâ. Mae'n ddigon o ryfeddod fod gwlad fach o lai na chwarter miliwn o bobl yn gallu cynhyrchu llenor o safon Gwobr Nobel, ond ni ddylid dod i'r casgliad fod safon gwaith llenorion Cymru yn annheilwng o'r Wobr. Cafodd enwau D.J.Williams, Saunders Lewis a Kate Roberts eu cyflwyno yn eu tro ond bach iawn oedd eu siawns o dderbyn y wobr am nad yw Cymru'n wladwriaeth. Enghraifft yw Halldor Laxness o fywiogrwydd mawr bywyd llenyddol Gwlad yr Iâ. Tystiolaeth huotlach eto yw'r ffaith fod tua chwe chant o deitlau newydd yn cael eu cyhoeddi yno bob blwyddyn.

Pan ddadleuwn dros hunanlywodraeth i Gymru genhedlaeth yn ôl y tri rheswm mwyaf cyffredin a gyflwynwyd yn erbyn mynnu rhyddid cenedlaethol oedd yn gyntaf, fod Cymru'n rhy fach i gynnal ei llywodraeth ei hun; yn ail, ei bod yn rhy dlawd i fforddio bod yn rhydd; ac yn drydydd, ei bod yn rhy wan i'w hamddiffyn ei hun yn filwrol. Y gwir reswm oedd bod ei phobl yn rhy llwfr.

Awstria

Vienna, prifddinas Awstria

Celtiaid a drigai yn Awstria ddwy fil a hanner o flynydd-oedd yn ôl. Rhoddodd Hallstatt, yng ngogledd y wlad, ei enw i brif ddiwylliant yr Oes Haearn Gynnar rhwng pump ac wyth ganrif cyn Crist. Yn Hallein (Halen), yn nhalaith Salzburg, y trefnwyd ychydig flynyddoedd yn ôl yr arddangosfa Geltaidd wychaf a fu erioed. Fe'i hagorwyd gan Dr. Bruno Kreisky, canghellor sosialaidd y wlad ar y pryd. Dwy iaith a glywyd yn y seremoni, Almaeneg, iaith Awstria, a Chymraeg, iaith Geltaidd fwyaf llewyrchus ein dydd.

Fel Cymru, ymgorfforwyd Awstria yn Yr Ymerodraeth Rufeinig ond yn annhebyg i Gymru collodd Awstria ei chymeriad Celtaidd pan ddymchwelwyd yr Ymerodraeth gan farbariaid Almaenaidd a feddiannodd Ewrop Rufeinig yn cynnwys Lloegr, ond ac eithrio Cymru. O'r amser hwnnw ymlaen gwlad Almaenaidd fu Awstria. Almaeneg yw iaith 99% o'i phobl heddiw. Cafodd ei Christioneiddio tua'r unfed ganrif ar ddeg, tua phum canrif ar ôl cyfnod Dewi Sant, a bu'n wlad babyddol byth wedyn. Ym 1282, blwyddyn lladd y Tywysog Llywelyn ap Gruffudd, cymerodd teulu Habsbwrg afael yn y wlad a'i rheoli hyd at chwalfa Ymerodraeth Awstria-Hwngari ym 1918.

Y mae Awstria yn enghraifft ddisglair o genedl fach yn gorchfygu anawsterau enfawr ac yn creu economi lewyrchus heb fantais adnoddau mawr. Cenedl fach yw hi ers trigain a deg o flynyddoedd, ei phoblogaeth yn fawr mwy na phoblogaeth Y Ffindir ac yn llai na phoblogaeth Sweden. Am ganrifoedd Awstria oedd calon ymerodraeth fawr

Awstria-Hwngari, yn Almaenaidd ei hiaith a'i hymwybydd-
iaeth. Ymerodraeth gymharol ryddfrydig oedd honno, ac
nid drwg i gyd oedd ei gwaddol o bell ffordd. Roedd
bywyd traddodiadol y cenhedloedd a gododd o'i lludw hi
yn eithaf cyfan, canys bu iddi rinweddau yr oedd ymerod-
raethau Prydain, Ffrainc a Thwrci yn amddifad ohonynt,
fel y mae hanes modern Iwerddon, Cymru, Llydaw a llawer
cenedl arall yn dangos. Roedd ei threfn yn llawer mwy llac a
datganoledig. Ni cheisiodd wneud dim mor anwar â dileu
ieithoedd a diwylliannau cenedlaethol fel y gwnâi Prydain a
Ffrainc. Ni welodd gwledydd Ymerodraeth Awstria-
Hwngari ddim tebyg i wrthuni'r gyfundrefn addysg gwbl
Seisnig a Saesneg a orfodwyd ar Gymru gan lywodraeth
Lundain. Trwy gyfrwng eu mamiaith yr addysgwyd plant
cenhedloedd darostyngedig ymerodraeth Awstria-Hwngari.

Ond yn Ymerodraeth Awstria-Hwngari y dechreuodd y
Rhyfel Byd Cyntaf. Ei achos uniongyrchol oedd saethu
Arch-ddug Awstria a'i wraig yn farw yn Sarajevo gan lanc o
Iwgoslaf. Cyhuddwyd Serbia ar gam o fod â rhan yn y llof-
ruddiaeth, a chyhoeddodd Awstria-Hwngari ryfel yn ei her-
byn. Crynhôdd Rwsia ei lluoedd ar ffiniau Awstria a'r
Almaen. Cyhoeddodd Yr Almaen ryfel yn erbyn Rwsia a
Ffrainc, ei chynghreiriaid. Ymhen tridiau cyhoeddodd
Prydain ryfel yn erbyn Yr Almaen. Felly y dechreuodd y
rhyfel diangen rhwng nifer o ymerodraethau a wnaeth
niwed difesur i Gymru.

Pan chwalwyd Ymerodraeth Awstria-Hwngari ar ddiwedd
y rhyfel gan rym moesol cenedlaetholdeb, ffurfiwyd
Iwgoslafia a Siecoslofacia o rannau ohoni ac aeth darnau
eraill at Romania a Gwlad Pwyl a hyd yn oed Yr Eidal;
sefydlwyd Hwngari ac Awstria yn wledydd annibynnol.
Gan hynny dechreuodd Awstria ar ei gyrfa fel gwlad fechan
ar yr un pryd â'r Ffindir, Estonia, Latfia a Lithwania, rhyw
ddeuddeng mlynedd ar ôl Norwy.

Ni chredai fawr neb y gallai hi fod yn wlad lwyddiannus.
Tlawd a gwledig oedd ei heconomi, ac o'i phoblogaeth o

chwe miliwn roedd dwy filiwn yn byw yn Fienna, yr hen ddinas ymerodrol. Yn eu plith roedd degau o filoedd o aelodau gwasanaeth sifil chwyddedig yr ymerodraeth a miloedd o swyddogion milwrol, yn chwerw a di-waith. Fel hyn y mynegodd un arweinydd y farn gyfoes: "Ni all y wladwriaeth hon fyw a hithau wedi ei thorri i ffwrdd oddi wrth weddill yr ymerodraeth. Ni chred neb y gall Awstria fyw fel gwlad annibynnol." Pa mor aml y cafodd y farn ei mynegi na allai Cymru fyw fel gwlad annibynnol, a hynny gyda llawer llai o reswm? Yn wahanol i Gymru nid oedd dim ymwybyddiaeth genedlaethol yn Awstria, dim oll. Ystyriodd yr Awstriaid erioed mai lleiafrif Almaenaidd breintiedig oeddynt, rhan fach o boblogaeth yr ymerodraeth fawr. Ni fu ganddynt erioed syniad am Awstria fel endid gwleidyddol, heb sôn am genedl. "The term 'national' simply meant 'German national'", medd Eberhard Strohal yn ei lyfryn *The Truth About Austria* a gyhoeddir gan ei llywodraeth. Dywed ymhellach:

> Austria had no conception of itself as an entity. The country's future looked hopeless, its predicament insurmountable. It regarded its status as provisional, an ephemeral arrangement with an uncertain destiny, an interim solution which would in the long run become untenable.

Cytunai'r sosialwyr â gweddill y gwleidyddion mai'r ateb oedd ymuno â'r Almaen; byddai'r farn hon yn lliwio'r agwedd tuag at Hitler a'r *anschluss* ym 1938. Ond gwaharddwyd undeb â'r Almaen gan Gytundeb Versailles gan y byddai hynny'n peri mai Yr Almaen fyddai'r wladwriaeth fwyaf ar y cyfandir wedyn. Dyna gefndir digalon geni Gweriniaeth Awstria. Hanes Awstria rhwng y rhyfeloedd oedd yr hanes mwyaf anhapus yn Ewrop.

Cyfrannai llawer ffactor at ddryswch y sefyllfa. Gorfod-wyd Awstria i dalu iawndal enbyd o drwm, a chan fod gan Awstria-Hwngari ran allweddol yn nechreuad y rhyfel mawr dinistriwyd masnach Awstria gan y gwledydd cym-dogol gelyniaethus. Caewyd ffiniau Hwngari, Iwgoslafia a

Siecoslofacia yn ei herbyn fel na allai fewnforio'r nwyddau crai y dibynnai arnynt, nac allforio chwaith. Cynghrair y Cenhedloedd a achubodd y wlad rhag methdaliad. Dryswyd y sefyllfa ymhellach gan raniadau gwleidyddol dwfn; yno y bu'r rhyfel dosbarth chwerwaf yn Ewrop ac eithrio yn Sbaen. Pleidleisiai 42% yn Farcsaidd yn gyson a 46% yn Gatholig-Geidwadol. Bu eithafwyr y ddwyblaid ddig yn gyfrifol am sawl cyflafan a hyd yn oed am ryfel cartref. Credai'r chwith, yng ngeiriau un arweinydd, fod Chwyldro Rwsia "wedi rhoi diwedd ar bob ecsbloetiaeth am byth gydag un ergyd." Barn cwbl groes i hynny a goleddai'r aden dde, a ffurfiodd fudiadau parafilwrol nerthol megis yr Heimwher a ragflaenai'r Natsïaid.

Dwysaodd diweithdra dychrynllyd drueni'r wlad. Ym 1934 cododd diweithdra i 25%, gan nesáu at y 38% a geid yng Nghymru. Sefydlodd Dollfuss, a saethwyd yn farw gan Natsïaid ymhen tair blynedd, lywodraeth unbenaethol mewn ymdrech ofer i gael trefn ar y wlad a'i hamddiffyn yn erbyn bygythiad Yr Almaen Hitleraidd. *Anschluss,* sef ymgorffori Awstria yn Yr Almaen, oedd ei pholisi hi. Bygythiodd Hitler ei goresgyn sawl gwaith. Croesewid hyn gan drydedd ran y boblogaeth, y rhan fwyaf gwrthsemitaidd a mwyaf Almaenaidd ei hymwybyddiaeth. Onid oedd Hitler wedi cael gwared ar ddiweithdra ac adfer balchder yn Yr Almaen? Serch hynny, pe buasai Schuschnigg, a ddilynodd Dollfuss fel Canghellor, wedi llwyddo i gynnal y plebiseit a drefnwyd ganddo ar y mater—llenwid y wlad a phosteri *IE DROS AWSTRIA*— bernir y buasai'r mwyafrif wedi pleidleisio yn erbyn *anschluss.* Ond gwaharddwyd y plebiseit gan Hitler a oedd yn Awstriad ei hun, a cherddodd ef a'i luoedd i mewn i'r wlad ym Mawrth 1938 i ganol croeso'r miloedd cefnogwyr. Cyhoeddodd Hitler mai Natsi ffiaidd o'r enw Seyss-Inquart a fyddai'n Ganghellor yn lle Schuschnigg. Llwyddodd dros gan mil o Iddewon Awstria i ffoi o'r wlad ond anfonwyd tua 70,000 i'w hangau yn Auschwitz neu wersyll-garcharau eraill. Dyma gefndir helynt Waldheim, Canghellor y wlad, a gyhuddir o gydweithredu mewn gweithredoedd ysgeler gan y Natsïaid pan oedd yn swyddog yn y lluoedd Almaenaidd.

Gwlad a gollasai ymerodraeth heb ffeindio'i rôl genedlaethol a fu Awstria hyd hynny, ac ni ddaeth o hyd i'w hunaniaeth genedlaethol am flynyddoedd wedyn. Cafodd ei chorffori yn y Reich Almaenaidd ym 1938; âi dwy flynedd ar bymtheg heibio cyn yr adferai ei hannibyniaeth ym 1955. Flwyddyn ar ôl yr *anschluss* roedd yng nghanol rhyfel mawr eilwaith. Bu ei cholledion yn enbyd. Lladdwyd 330,000 o'i dynion a bu farw can mil arall mewn carchar-wersylloedd.

Ym Mawrth 1945 cyrhaeddodd lluoedd Yr Undeb Sofietaidd ddwyrain Awstria, a'r Americanwyr a Phrydeinwyr y gorllewin. Roedd y wlad mewn cyflwr echrydus—rhannau mawr o Fienna ar dân a bron i hanner rheilffyrdd a phontydd y wlad wedi eu dinistrio. Mor ddiweddar â 1952 câi sigarennau eu defnyddio yn lle arian bath. Clywir awyrgylch dinistr y gymdeithas a'i gwerthoedd yn y ffilm enwog *The Third Man.* Yn yr amgylchiadau arswydus hyn y dechreuodd yr Ail Weriniaeth. Rhannwyd y wlad yn bedair rhanbarth a gosodwyd Yr Undeb Sofietaidd, Yr Unol Daleithiau, Ffrainc a Phrydain yn eu gofal, un bob un. Parhaodd y drefn hon am ddeng mlynedd. Bu'n rhaid aros hyd 1955 i'r lluoedd arfog estron ymadael â'r wlad ac i Awstria adfer ei hannibyniaeth.

Ond gwlad wahanol iawn oedd Awstria'r Ail Weriniaeth i'r wlad a fu mor druenus o ranedig cyn y rhyfel; dyma wlad a brofodd drawsnewid ysbrydol a droes anobaith du'r genhedlaeth gynt yn hyder cenedlaethol. Canlyniad oedd hyn, i raddau, i'r gymdeithas glòs a brofwyd yn y carchar-wersylloedd yn ystod y rhyfel rhwng arweinwyr sosialaidd a'r rhai a feddyliai yn wahanol iddynt. Yn eu llu trafodaethau cawsant fod eu cymeriad Awstriaidd a'u hymlyniad wrth Awstria yn eu rhwymo'n dynn wrth ei gilydd. Rhoesant y gorau i'r hen ryfel dosbarth. Mewn gair, daethant yn wladgarwyr, yn genedlaetholwyr Awstriaidd. Marcsiaid ymosodol oedd sosialwyr y Weriniaeth Gyntaf, yn ymladd yn lew dros ddosbarth yn hytrach na chenedl—nid oedd cenedl Awstriaidd yn bod iddynt. Onid Almaenwyr oeddynt, fel y mae sosialwyr Cymru'n Brydeinwyr? Yn yr un modd ystyriai gwleidyddion y dde, a oedd hefyd yn ymladd dros eu dosbarth, eu bod yn Almaenwyr, fel y bydd Torïaid Cymru heddiw yn ystyried eu bod yn Brydeinwyr. Yn wleidyddol, y mae'r sefyllfa Gymreig gyfoes yn drawiadol o debyg i sefyllfa'r Weriniaeth Gyntaf yn Awstria. Nid Cymru a gaiff deyrngarwch y Llafuryddion, y Torïaid a'r Rhyddfrydwyr ond Prydain Fawr, ac ym mhopeth ond daearyddiaeth a'r wladwriaeth y mae'r hyn sy'n Brydeinig yn Seisnig.

Golygai'r ymlyniad newydd hwn wrth Awstria wedi'r rhyfel fod parodrwydd newydd ar y chwith a'r dde i gyfaddawdu â'i gilydd er lles eu gwlad. Am gyfnodau hirion ceir pleidiau'r chwith a'r dde yn eu tro yn ffurfio llywodraethau sefydlog (ond y sosialwyr yn amlach na Phlaid Pobl Awstria fel y'i gelwir) heb eu poeni ragor gan yr hen awydd i berthyn i'r Reich Almaenaidd. Er bod 99% ohonynt yn dal i siarad Almaeneg, Awstriaid oeddynt mwyach, nid Almaenwyr. Derbynient yn ddigwestiwn eu bod yn genedl fach, yn gorfod creu dyfodol cenedlaethol eu hunain. Ymdeimlent â balchder newydd yn eu gwlad fach eu hunain, ac wrth iddynt ymateb i her eu sefyllfa, ffrydiodd egni a hyder trwy'r wlad.

Yn yr ysbryd newydd hwn cydweithredodd Ffederasiwn yr Undebau Llafur a Ffederasiwn y Cyfalafwyr yn glòs iawn â'i gilydd. Gan sylweddoli bod yn rhaid parchu buddiannau ei gilydd datblygodd cynrychiolwyr y gweithwyr a'r meistri yr hyn a elwid yn bartneriaeth gymdeithasol. Y deng mil a mwy o gytundebau a luniwyd ar y cyd rhyngddynt ar bynciau dyrys megis cyflogau, a phrisiau sy'n esbonio'r ffaith ryfeddol na fu un streic fawr yn Awstria oddi ar yr Ail Ryfel Byd. Cytunwyd ar leiafswm cyflog ers blynyddoedd. Caiff pob gweithiwr 24-30 diwrnod o wyliau bob blwyddyn. Ymffrostir yn safon uchel y gwasanaethau cymdeithasol. Wrth ymddeol caiff gweithwyr 80% o'u cyflog fel pensiwn. Caiff menyw lwfans o £800 ar enedigaeth plentyn a rhoddir £600 i bâr sy'n priodi. Mae safon eu cartrefi yn eithriadol o uchel.

Rhyddhawyd egni mawr i ddatblygu'r wlad yn economaidd. Angen cyntaf economi lewyrchus yw sustem drafnidiaeth a gynllunir er gwasanaethu'r wlad. Gan hynny atgyweiriwyd a moderneiddiwyd y rheilffyrdd gan drydaneiddio tua 2,000 o filltiroedd ohonynt; datblygwyd gwasanaeth awyr tra effeithiol; sicrhawyd defnydd llawn o Afon Ddonaw sy'n llifo trwy'r wlad am ddau can milltir; crewyd *autobahn* (traffordd) ryfeddol o'r gogledd i'r de, trwy fynyddoedd am ran fawr o'r ffordd, canys y mae Awstria bron mor fynyddig â'r Swistir. Cymharer hyn â Chymru. Dirywio a chau a wnaeth ei phorthladdoedd ardderchog hi yn hytrach na chael eu datblygu i drafod y fasnach gynyddol â Chymuned Ewrop; ni chafodd cymaint â milltir o'i rheilffyrdd ei thrydaneiddio—cafodd y rhan fwyaf eu cau; ac ni chrewyd byth ffordd fawr rhwng gogledd a de.

Bu datblygiad diwydiannol Awstria yn syndod o effeithiol gan llwyr wrthbrofi'r gred (sy'n rhy gyffredin) mai gwlad o ffidlwyr a dawnswyr yw Awstria. Sicrhaodd y drefn ffederal a'r llywodraethau sydd gan bob un o'r naw talaith fod y datblygiad yn un cytbwys. Os bydd talaith yn teimlo ei bod yn cael cam y mae llais ei senedd yn hyglyw, fel y buasai llais cynulliad etholedig Cymreig pe na buasai'r Cymry wedi ymwrthod ag ef. Ni welodd yr un dalaith allfudo tebyg i'r hyn a wanhaodd fywyd Cymru, na dim tebyg chwaith i'r mewnfudo mawr sy'n boddi ein bywyd brodorol. Manteisiwyd ar gyfoeth mwyn haearn y wlad, y metalau dihaearn a'r mwynau eraill sydd ynddi. Datblygwyd ei hadnoddau dŵr, olew a nwy ond mae'n rhaid iddi fewnforio pedair rhan o bump o'r tanwydd solet a'r tanwydd hylif a ddefnyddia, a bron i ddwy ran o dair o'r nwy. Ymhlith y diwydiannau mwyaf cynhyrchiol saif peirianneg a nwyddau cemegol a thrydanol yn uchel ar y rhestr; cynhyrchir dillad, gweadwaith a cherbydau, a nwyddau papur, coed a charreg. Deil amaethyddiaeth, sy'n cyflogi chwech y cant o'r gweithwyr a hynny mewn ffermydd teuluol yn bennaf, yn dra phwysig; a chyfloga twristiaeth tua chan mil o bobl.

Ond yr hyn sy'n synnu dyn fwyaf yw'r dalent a'r dychymyg a ddangosir yn y dyfeisiau, y prosesau a'r syniadau newydd y defnyddir llawer ohonynt trwy'r byd. Dyma ffrwyth gwaith y sefydliadau ymchwil (72 ohonynt yn wyddonol). Y mae cyferbyniad trawiadol rhwng y cyfoeth sefydliadau ymchwil gwyddonol a diwydiannol sydd gan Awstria a thlodi truenus Cymru yn hynny o beth. Ni wêl Cymru eisiau ei llywodraeth ei hunan yn fwy yn unman nag yn y maes tra phwysig hwn. Wrth gwrs, cysylltir llawer o ymchwilwyr mawr Awstria â'i phrifysgolion ac yn arbennig â Phrifysgol Fienna sy'n rhan bwysig o ogoniant y ddinas honno. Sefydlwyd Prifysgol yno ym 1365, genhedlaeth cyn i senedd Pennal gyhoeddi bwriad llywodraeth Glyndŵr i sefydlu dwy brifysgol yng Nghymru. Amcan addysg deuddeg prifysgol Awstria yn awr yw cynhyrchu gwŷr a merched i wasanaethu eu cenedl; er mwyn gwasanaethu Prydain Fawr a'i hymerodraeth, yn bennaf, y cynhyrchwyd graddedigion yng Nghymru. Awstriaid yw mwyafrif helaeth myfyrwyr a staff prifysgolion Awstria; y mae'r lleiafrif o dramorwyr sydd ynddynt yn cyfoethogi eu bywyd. Saeson yw mwyafrif mawr myfyrwyr a staff prifysgol genedlaethol Cymru; dinistrio ei chymeriad Cymreig a wnânt hwy.

Gwlad niwtral yw Awstria. Gwaria 3.4% o'i chyllideb ar amddiffyn milwrol o'i gymharu â'r 12.6% a werir ym Mhrydain er bod Awstria yn ffinio â dwy o wledydd Cytundeb Warsaw. Chwaraeodd Awstria ran amlwg yn y bywyd cydwladol; ni fedr Cymru chwarae rhan ynddo o gwbl. Y mae pencadlysoedd llawer mudiad a sefydliad cyd-wladol ar dir Awstria, a chynhaliwyd yno sawl cynhadledd gydwladol o'r pwys mwyaf. Yn Fienna y cyfarfu Kennedy a Kruschev, ac yno yr arwyddodd Brezhnev a Carter gytundeb Salt II. Bu dau Awstriad yn Ysgrifenyddion Cyffredinol Cyngor Ewrop, ac am ddeng mlynedd bu Kurt Waldheim yn Ysgrifennydd Cyffredinol y Cenhedloedd Unedig. Enillodd dau Awstriad Wobr Nobel am Heddwch. Mae'n arwyddocaol fod y mudiad gwrthniwcliar yno mor rymus; ond nid arfau niwcliar yn unig y mae'r mudiad hwnnw yn ei wrthwynebu, eithr pŵer niwcliar hefyd. Gorffennodd y Llywodraeth adeiladu gorsaf niwcliar ym 1979 ar gost o £500 miliwn, ond fe'i gorfodwyd gan nerth y gwrthwynebiad i gynnal refferendwm. O ganlyniad i hwnnw ni agorwyd yr orsaf byth.

Ni welir canlyniadau ymarferol yr ysbryd newydd a ddaeth i Awstria yn gliriach yn unman nag yn ei safon byw a'i graddfa diweithdra. Y mae safon byw'r wlad, a fu mewn cyflwr mor erchyll genhedlaeth yn ôl, yn sylweddol uwch na safon Lloegr heddiw, heb sôn am Gymru; bu ei diweithdra yn gyson is. Syrthiodd i 1-2% yn y saith-degau. Er codi i 3.5% heddiw, (1988) cymharer hynny â 13% Cymru. Nid diweithdra fu problem Awstria oddi ar y chwedegau ond prinder gweithwyr. Bu'n rhaid dwyn gweithwyr i mewn o bump o'r gwledydd cymdogol. Gymaint fu ei llwyddiant nes i Mitterand sôn am ei defnyddio fel model.

Mae'n rhaid cydnabod bod ei chyfansoddiad ffederal wedi bod yn gymorth mawr iddi yn hyn oll. Yn hytrach na bod yn gwbl ganoliaethol fel Prydain Fawr, lle y mae gan 56 miliwn o bobl (dros wyth gwaith cynifer ag Awstria) un senedd ac un llywodraeth yn unig, y mae gan Awstria seneddau a llywodraethau mewn naw o daleithiau gogyfer â chwe miliwn o bobl. Oherwydd hynny y mae yn Awstria naw o ganolfannau twf a naw o seneddau i sicrhau bod pob talaith yn cael chwarae teg. Y rheswm sylfaenol am gyflwr truenus Cymru yw ei bod yn dalaith ymylol sydd wedi ei hymgorffori yn y wladwriaeth fwyaf canoliaethol yn

Ewrop, heb ddim gallu gweithredol a heb, hyd yn oed, lais cenedlaethol.

Llwyddodd Awstria i ddatblygu ei heconomi heb aberthu ei gwerthoedd a'i chyflawniadau diwylliannol. Rhoddwyd lloches ynddi i ddegau o filoedd o ffoaduriaid o'r Dwyrain a chodwyd pontydd i Hwngari a Gwlad Pwyl. Mewn cerddoriaeth y mae etifeddiaeth Awstria yn un gwbl unigryw. Ni welodd yr un genhedlaeth mewn hanes y fath gwmni o athrylithoedd cerddorol â Haydn, Beethoven ei ddisgybl, a Schubert (a fu'n byw yn Fienna ill tri) a Mozart a gysylltir yn annatod â Salzburg. Perthynai Johann Strauss i'r un genhedlaeth, a'i fab, y cyfansoddwr waltsiau enwog, i'r genhedlaeth nesaf—cenhedlaeth Bruckner a Mahler, Awstriaid ill dau, ynghyd â Brahms, a dreuliodd ail hanner ei fywyd yn Fienna. Parhaodd Awstria i gynhyrchu cerddorion mawr. Schoenberg yw cyfansoddwr mwyaf y ganrif hon, ond y mae'n un o gwmni. Pery sefydliadau cerddorol mawr Awstria yn enwog trwy'r byd, Opera Fienna, ei Cherddorfa Philharmonic a'i Cherddorfa Simffoni, ynghyd â gwyliau taleithiol—tynn gwyliau Mozart yn Salzburg bobl o bob cyfandir iddynt. Ffynna opera ysgafn a'r ddrama ym mhrif ddinasoedd y taleithiau; ond nid yw bywyd cerddorol yn byrlymu ymhlith y bobl fel y gwna yng Nghymru, Y Ffindir ac Estonia. Dinesig yw diwylliant cerddorol Awstria. Er bod bywiogrwydd creadigol yn y ddrama a'r theatr yno, nid oes enwau yn eu plith sy'n cymharu â'r enwau cerddorol o ran mawredd. Er na fu neb a farnwyd o safon Gwobr Nobel ymhlith llenorion Awstria y mae'n rhaid dweud eu bod yn egnïol; ym 1985 daeth wyth mil a hanner o deitlau newydd o'r wasg a chyhoeddwyd 841 o gylchgronau, ond nid oes yno ddim i'w gymharu â'r diwylliant deallusol poblogaidd a geid yng Nghymru, y gwelir ei olion yn Nhalwrn y Beirdd a chanu cerdd dant.

Yn llenyddol, un o daleithiau'r Almaen yw Awstria o hyd. Cangen o lenyddiaeth Almaenaidd yw ei llenyddiaeth hi. Er bod yr Almaenwyr mor lluosog, y mae'n rhyfedd cyn lleied o lenyddiaeth a gynhyrchwyd ganddynt yn yr Oesoedd Canol o'i gymharu â Chymru. Ni chyfrannodd Awstria fawr ddim iddi oddieithr un gân fawr, y Niebelungenlied, y mae Siegfried yn gymeriad canolog ynddi.

Stefan Zweig yw llenor mwyaf Awstria yn y ganrif hon. Yn Salzburg y sgrifennai ef cyn ei yrru i alltudiaeth gan y Natsïaid ym 1938. Wedi'u llethu gan hiraeth ac unigrwydd fe'u lladdodd ef a'i wraig eu hunain yn Rio de Janeiro. Y mae enwi Salzburg yn dwyn i gof ddolen bersonol rhwng Awstria a Chymru. Salzburg yw dinas Leopold Kohr, proffwyd yr endid bychan a mentor Schumacher. Gwnaeth ei gartref am flynyddoedd yn Aberystwyth am iddo weld bod yng Nghymru bosibilrwydd creu cymuned fach genedlaethol ddisglair ei threfn a'i diwylliant pe meddai ar y gwroldeb i fod yn genedl.

Nid fel llenorion na dramodwyr y disgleiriodd yr Awstriaid. O'r un ar bymtheg Awstriad a dderbyniodd Wobr Nobel nid oes un llenor. Ar wahân i'r ddwy a roddwyd i Awstriaid am waith dros heddwch fe roddwyd un o'r Gwobrau i economegydd, tair i ffisegwyr, pedair i gemegwyr a chwech i feddygon. Gwyddonwyr Awstria sy'n disgleirio. Wrth gwrs, ym maes seiciatreg y ceir y ddau enw mwyaf oll, Adler a Freud. Saif Sigmund Freud yn yr un dosbarth â Karl Marx fel lluniwr yr oes fodern.

Roedd Freud yn un o gewri Fienna pan oedd y ddinas yn un o dair prif ganolfan gwareiddiad Ewrop. Rhyfeddol y dalent a grynhowyd yno; roedd naw rhan o ddeg ohoni'n Iddewig. Iddewon oedd rhan fawr o'i dosbarth canol cefnog—arianwyr, meddygon, cyfreithwyr, pobl y cyfryngau. Bu brenhiniaeth Habsbwrg yn gwbl deg tuag atynt, yn wahanol i'r agwedd wrthsemitaidd a amlygwyd yn Ffrainc gan helynt Dreyfus. Er enghraifft, cafodd mab Freud fod yn swyddog milwrol. Troes rhai Iddewon yn Gristnogion. Dewisodd nifer, megis teuluoedd Wittgenstein a Schoenberg, fod yn Brotestaniaid Lwtheraidd am fod tuedd wrthsemitig mewn Catholigiaeth. Cred rhai mai Wittgenstein yw athronydd mwyaf y ganrif. Roedd ganddo nifer o gyfeillion yng Nghymru. Un oedd Rush Rees, yr Americanwr Cymreig o athronydd yng ngholeg Abertawe, a ddisgrifiwyd gan Wittgenstein fel y gŵr galluocaf a adnabu erioed. Bu'n aros gyda Wynford Morgan yn Y Tymbl ac Eirian Davies yn Nantgaredig. Mewn cân i Wittgenstein cyfeiria Eirian ato'n cael ei ddal yn ystod y rhyfel ar Bont Tywi, Nantgaredig, gan yr Hôm Gard fel ysbïwr Almaenaidd.

Caiff Awstria ei lle yn y llyfr hwn fel cenedl fach a orchfygodd anawsterau economaidd a pholiticaidd aruthrol o fawr, gan greu gwlad ddemocrataidd, heddychlon a ffyniannus. Rhwng y ddau Ryfel Byd, yn ystod y Weriniaeth Gyntaf, yr oedd ei bywyd yn enbyd o anhapus. Cyfnod yr Ail Weriniaeth, ar ôl yr ail ryfel, a welodd ei llwyddiant trawiadol. Cwyd y cwestiwn: Paham y gwahaniaeth syfrdanol rhwng rhwygiadau ac aflwyddiant trychinebus y Weriniaeth Gyntaf ac undeb a llewyrch yr Ail Weriniaeth? Rhydd Eberhard Strohal ei fys ar y rheswm. Dywed fod ystyr y term 'cenedlaethol' wedi newid yn llwyr yn y cyfnod wedi'r rhyfel. Almaenwyr oedd yr Awstriaid rhwng y ddau ryfel, fel y mae mwyafrif y Cymry'n Brydeinwyr, heb hunaniaeth genedlaethol glir na chenedl i ymlynu wrthi. Ond bellach newidiodd y sefyllfa.

> The present day Austrian believes in his country. He is deeply attached to his native land, his consciousness of his Austrian nationality is unquestionable, and he has no doubt about his own identity.

Hynny yw, nid Almaenwr ydyw mwy. Almaenwr ydoedd trwy gydol hanes Ymerodraeth Awstria-Hwngari, ond bellach daeth yr Awstriad yn genedlatholwr Awstriaidd, yn deyrngar i'w genedl. (*Patriot,* gwladgarwr, yw'r term arferol yn Lloegr am yr un peth). Y cenedlatholdeb newydd hwn yw ffynhonnell hyder ac egni ac undeb y wlad. Hyn sy'n esbonio ei llewyrch rhyfeddol.

Lwcsembwrg

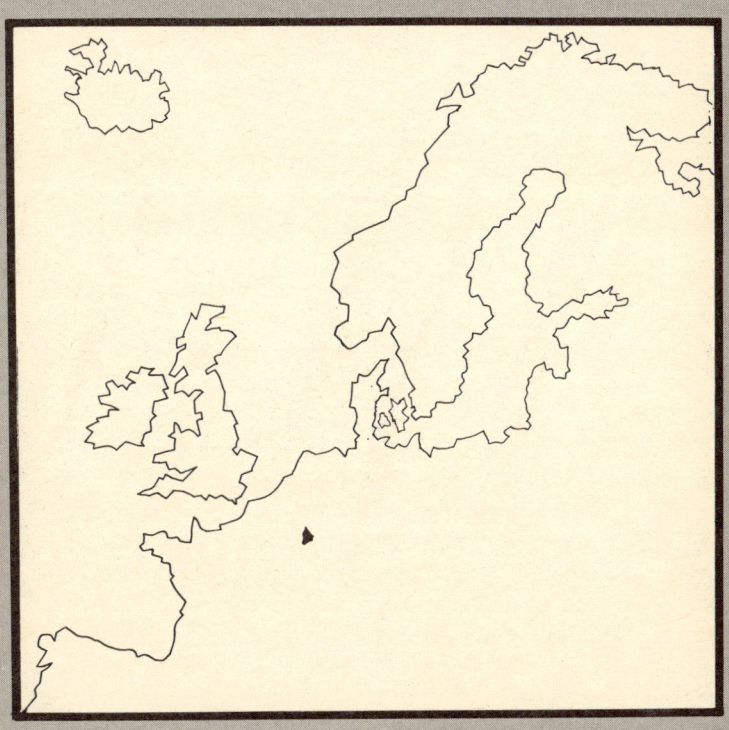

Dinas Lwcsembwrg

108

Efallai mai safle Lwcsembwrg sy'n dangos gwarth safle gwaradwyddus y genedl Gymreig gliriaf. Dyma wlad annibynnol yng nghanol cyfandir Ewrop, sy'n llai ei phoblogaeth na Gwent; gwlad heb iaith lenyddol na diwylliant cenedlaethol, ond gwlad sy'n llwyr reoli ei bywyd mewnol yn ogystal â'i pherthynas â gwledydd eraill; gwlad sy'n penderfynu ei pholisi amddiffyn milwrol a gwlad sy'n chwarae rhan gyflawn mewn materion Ewropeaidd a chydwladol—hyn oll gyda phoblogaeth sydd fawr mwy na Chaerdydd.

Roedd Lwcsembwrg yn un o'r tair gwlad a ffurfiodd Benelux, cnewyllyn y Gymuned Ewropeaidd; Gwlad Belg a'r Iseldiroedd oedd y ddwy wlad arall. Daeth Ffrainc, Yr Eidal a Gorllewin yr Almaen at y tair hyn i ffurfio'r hyn a elwid yn Farchnad Gyffredin. Tyfodd y chwech yn ddeuddeg bellach. Y mae Lwcsembwrg, a dderbyniwyd i Gynghrair y Cenhedloedd ym 1926, yn aelod cyflawn o'r Gymuned Ewropeaidd, fel y'i gelwir yn awr. Fel pob gwlad arall yn y Gymuned y mae ganddi aelod ar y Comisiwn ym Mrwsel. Y mae ganddi hefyd, yn gydradd â'r lleill, aelod ar Gyngor y Gweinidogion, prif gorff llywodraethol y Gymuned. Cynrychiolir hi hefyd ar y pwyllgorau pwysicaf, megis y pwyllgor sy'n llunio polisi rhanbarthol sydd mor bwysig i Gymru. Yn Senedd Ewrop yn Strasbwrg cynrychiolir ei buddiannau gan chwe aelod. Y mae hyn oll yn dilyn y ffaith bod Lwcsembwrg yn endid bach ymreolus, yn wlad fach rydd.

Mor wahanol yw safle Cymru. Er ei bod yn hen genedl

Ewropeaidd, wyth gwaith cymaint ei phoblogaeth â Lwcsembwrg, nid oes gan Gymru ei gwladwriaeth ei hun; nid oes ganddi lywodraeth a senedd sy'n atebol i'w phobl. Nid yw'n perthyn i'r Gymuned Ewropeaidd. Nid oes ganddi aelod ar y Comisiwn nac ar Gyngor y Gweinidogion. Nid oes ganddi aelod ar un o'r pwyllgorau. Pobl a benodir gan Mrs Thatcher sy'n cynrychioli'r hen genedl Ewropeaidd hon ar bob corff cydwladol, pobl nad oes ganddynt y diddordeb lleiaf ynddi er mai nhw sydd i fod i ymladd dros ei buddiannau. Pedwar aelod yn unig, o'u cymharu â chwech Lwcsembwrg a phymtheg Iwerddon, a ddanfonir o Gymru i'r Senedd Ewropeaidd, ac nid cynrychioli'r genedl Gymreig ond y Blaid Lafur a'r Blaid Doriaidd a wnaeth y pedwar hyn hyd yma.

Rheolir bywyd mewnol Cymru gan Ysgrifennydd Gwladol a thair mil o fiwrocratiaid y Swyddfa Gymreig sy'n atebol i neb mewn gwirionedd ond Mrs Thatcher. Ni fu'r un Ysgrifennydd Gwladol Cymreig erioed ym Mrwsel i ymladd dros fuddiannau Cymru, ac nid ymladdodd aelodau Prydeinig Senedd Ewrop drosti erioed. Enghraifft dda o ganlyniadau diffyg cynrychiolaeth i Gymru yn y Gymuned oedd effaith y cwotâu llaeth yng Nghymru. Am nad oedd neb i ymladd i amddiffyn ei buddiannau torrwyd y cwotâu yn greulon yng Nghymru gan yrru llawer ffermwr Cymreig i'r wal. Dioddefodd pawb a ddibynnai ar gynhyrchu a thrafod llaeth. Caewyd hufenfeydd trwy gefn gwlad Cymru, gan gynnwys tair yn Nyfed. Trawyd pawb a werthai nwyddau i ffermwyr llaeth. Yn Iwerddon roedd y stori'n un hollol wahanol; cynyddwyd y cwotâu yno. Pam y gwahaniaeth hwn rhwng dwy wlad gymdogol? Am fod gan un ei llywodraeth ac felly ei chynrychiolaeth ar Gomisiwn y Gymuned, ar y Cyngor Gweinidogion ac ar ei phwyllgorau, yn ogystal â 15 aelod yn Senedd Ewrop a ymladdai dros fuddiannau'r genedl Wyddelig yn hytrach na dros ryw blaid Brydeinig. Doedd gan Gymru neb i ymladd drosti, ac ni chaiff neb hyd nes bydd ganddi lywodraeth a benoda Gymry i brif sefydliadau'r Gymuned, ac aelodau o'i phlaid genedlaethol yn y Senedd Ewropeaidd. Tanlinella Lwcsembwrg, gan hynny, warth safle Cymru.

Prin y gellir galw Lwcsembwrg yn genedl. Rhanbarth hanesyddol yw hi. Ddwy fil o flynyddoedd yn ôl roedd pobl y rhanbarth yn cynnwys elfen gref o Geltiaid. Ychydig i'r de o Ddyffryn Moselle sy'n enwog am ei win, (dyffryn sy'n rhedeg oddi mewn i ffin Lwcsembwrg am rai degau o filltiroedd) y mae dinas Trèves (Tref). Yn Trèves y sefydlodd Macsen Wledig ei lys ar ôl ymadael â Phrydain yn y flwyddyn 383. Dywedodd Sant Jerôm fod iaith Trèves yn debyg i iaith Galatia. Iaith Geltaidd oedd hi. Cnewyllyn gwlad Lwcsembwrg oedd castell a godwyd yn y flwyddyn 963 ar gnwc lle saif y ddinas bresennol. Tyfodd tref o'i gwmpas fel y tyfodd trefi Saesneg o gwmpas ugeiniau o gestyll yng Nghymru yn yr Oesoedd Canol. O'r ganolfan gastellog hon crynhôdd Dugiaid Lwcsembwrg diroedd helaeth yn y cyffiniau, fel y crynhôdd arglwyddi Normanaidd diroedd yn y Mers Cymreig. Bu rhanbarth eang y Ddugiaeth o dan lywodraeth gwledydd cymdogol hyd 1815. Yn y flwyddyn honno daethant yn eiddo personol i Frenin Gwlad Belg o ganlyniad i benderfyniad a wnaed yng Nghyngres Fienna, a datblygwyd trefn ddemocrataidd ymreolus yn Lwcsembwrg yn ystod cyfnod perchenogaeth bersonol y brenin arni. Cyhoeddwyd niwtraliaeth y Ddugiaeth, ond rhoddwyd y gorau i hyn ar ôl i'r Almaen oresgyn y wlad yn ystod dau ryfel byd y ganrif hon, ac ymunodd Lwcsembwrg â Nato. Yn ail hanner y ganrif ddiwethaf cafodd y wlad fach ei Dug annibynnol ei hun. Yn ei ddwylo ef y gorwedd galluoedd gweithredol y llywodraeth, yn ôl y cyfansoddiad. Efe sy'n cadeirio'r cabinet o weinidogion sy'n atebol i'r senedd. Y senedd a fedd y gallu i ddeddfu.

Nid oes gan Lwcsembwrg iaith a llenyddiaeth genedlaethol fel sydd gan Wlad yr Iâ, na dim diwylliant cynhenid, onid ystyrir Radio Lwcsembwrg yn amlygiad o'i diwylliant ei hun! A diwylliant sy'n gwneud cenedl. Mewn ymdrech i greu hunaniaeth genedlaethol deddfwyd ym 1984 fod tafodiaith y rhanbarth yn cael ei chydnabod yn iaith genedlaethol. Ond er bod y bobl yn ei defnyddio wrth sgwrsio â'i gilydd ni fu orgraff gydnabyddedig na phapur na chylchgrawn na llyfr yn y dafodiaith honno, ac ni wneir dim defnydd swyddogol ohoni. Tafodiaith Almaenig yw hi. Pan yw'n rhaid cyrraedd y bobl gyffredin, Almaeneg yw'r iaith a ddefnyddir. Hi yw iaith yr eglwysi, sydd bron i gyd yn babyddol, a chyfrwng dysgu blynyddoedd cyntaf yr ysgolion, iaith y papurau newydd ac adroddiadau'r senedd. Ond Ffrangeg yw iaith swyddogol yr awdurdodau, iaith y seneddwyr, yr elît a'r cylchgronau llenyddol, a hi yw iaith dosbarthiadau uwch yr ysgolion. Nid oes fawr ddim gwaith creadigol yn deillio o'r wlad mewn unrhyw iaith. Esboniad sylwedydd Lwcsembwrgaidd ar hyn yw nad oes gan ei phobl ddim gwreiddiau ysbrydol dwfn yn y wlad.

Y rheswm pennaf dros geisio gwneud y dafodiaith yn iaith genedlaethol oedd bod llif rhaglenni teledu Almaenaidd a Ffrengig yn cyrraedd y wlad mor rhwydd. Rheswm arall oedd bod mewnfudiad estroniaid ar gymaint cynnydd. Erbyn 1987 roedd 26% o'r boblogaeth yn estroniaid. Dywedwyd bod cyfartaledd yr estroniaid yn Lwcsembwrg yn llawer uwch nag mewn unrhyw un o ddeuddeg gwlad Y Gymuned Ewropeaidd. Y mae gryn dipyn yn uwch eto yng Nghymru, ond ni ystyrir Cymru'n wlad; rhanbarth yw hi, rhanbarth ymylol.

Yr hyn sy'n denu llawer o estroniaid i Lwcsembwrg yw ei llwyddiant materol. Manteision mawr iddi yw bod yn fach ac yn ymreolus. Sylwn mai mewn gwledydd a dyfodd yn rhy fawr, nid yn y rhai a arhosodd yn fach, y mae gwir broblemau ein hoes (er y gall cenedl fach ddioddef llawer oddi wrth broblemau mawrdra os yw'n rhan o wladwriaeth fawr fel y profwn yng Nghymru). Pe bai Lwcsembwrg hithau'n rhanbarth ymylol oddi mewn i wlad fawr diau y buasai wedi dioddef yn debyg i Gymru gan ddiffyg datblygiad cytbwys, a'r diweithdra ac allfudo sy'n dilyn hyn. Ond ni welodd Lwcsembwrg na diweithdra nac allfudo oddi ar ddirwasgiad y tridegau. Trwy gydol y cenedlaethau diwethaf cadwodd ei safon byw yn gyson uchel. Adeiladodd rwydwaith o ffyrdd mawr i wasanaethu'r wlad. Nid oes gan Gymru ddim tebyg i'w gwasanaethau hi; gwasanaethu Llundain a Lloegr yw amcan cyntaf ffyrdd mawr Cymru. Pery Cymru heb ffordd fawr i uno de a gogledd. Trydan-eiddiwyd holl reilffyrdd Lwcsembwrg; nid oes un filltir o reilffordd wedi ei thrydaneiddio yng Nghymru. Gwnaeth Lwcsembwrg yn fawr o'i hadnoddau dŵr i gynhyrchu trydan; yn Lwcsembwrg y codwyd yr orsaf bwmpio heidro-drydan fwyaf yn Ewrop.

Bu Lwcsembwrg yn od o lewyrchus byth ar ôl ail hanner y ganrif ddiwethaf pan ddaeth yn wlad annibynnol. Prif sail diwydiannol ei llewyrch fu ei diwydiant dur oedd yn seiliedig ar ei mwyn haearn, ei hunig adnodd naturiol. Ond darfu am y mwyn ac er ei foderneiddio nid yw ei diwydiant dur bellach agos mor fawr ag y bu—er ei fod yn arwydd-ocaol na chafodd ei dorri mor chwyrn â diwydiant dur Cymru; mae Lwcsembwrg yn aelod cyflawn o'r Gymuned Ewropeaidd gyda chynrychiolaeth i ddadlau ei hachos. Ond er i'r diwydiant grebachu o ran maint, yn wahanol i brofiad Cymru crewyd gwaith arall yn ei le mewn amrywiaeth o ddiwydiannau gan osgoi diweithdra trwm. Wrth ddatblygu diwydiannau newydd yn Lwcsembwrg gofalwyd eu lleoli'n ofalus er mwyn sicrhau datblygiad cytbwys trwy'r wlad. Dyna pam nad oes trefi rhy fawr yno; nid yw dinas Lwcsembwrg ei hun yn ddim ond hanner maint Abertawe. Fel gwlad fach ymreolus y mae gan Lwcsembwrg y gallu i adnewyddu a hyd yn oed i ailadeiladu ei heconomi pan fo angen hynny er mwyn cwrdd â newidiadau yn ei hamgylchiadau. Pe buasai gan Gymru'r gallu hwnnw ni chawsai brofi blynyddoedd echrydus 1920-39 pan oedd ei diweithdra, ac allfudo, y gwaethaf o lawer yn Ewrop gyfan.

Gan fod Lwcsembwrg yn wlad fach sy'n mwynhau'r sefydlogrwydd a ddaeth yn sgîl llywodraeth dda y mae dinas Lwcsembwrg yn gallu manteisio ar ei lleoliad daearyddol yn Ewrop i ddenu swyddfeydd canol llawer o sefydliadau cydwladol. Yno y mae Secretariat y Senedd Ewropeaidd, y Llys Cyfiawnder Ewropeaidd, y Banc Ewropeaidd a swyddfa'r Gronfa Ariannol Ewropeaidd. Yno y cyferfydd Cyngor Gweinidogion y Gymuned Ewropeaidd. Y mae dros gant o fanciau yno. Adeilad pur arbennig a godwyd yn ddiweddar i gwrdd ag anghenion cymdeithas gydwladol yw Theatr y Ddinas. Y mae ynddi ddwy neuadd, y theatr ei hun sy'n dal mil o bobl, a'r hyn a elwir yn stiwdio sy'n dal chwe chant. Yn y stiwdio y mae pum bwth gogyfer â chyfieithu ar y pryd. Wedyn y mae cyntedd mawr gyda lle i 1,600 o bobl ddod ynghyd mewn derbyniad. Ceir Amgueddfa Genedlaethol yn y ddinas, Amgueddfa Hanes ac Amgueddfa Hanes Naturiol, a nifer o orielau celfyddyd, un wedi ei ddynodi ar gyfer gweithiau clasurol ac un arall ar gyfer gweithiau modern.

Genhedlaeth yn ôl y prif ddadleuon a gyflwynwyd yn erbyn hunanlywodraeth i Gymru oedd ei bod (1) yn rhy fach (2) yn rhy dlawd a (3) yn rhy wan i'w hamddiffyn ei hun. Y mae Lwcsembwrg yn llawer llai, yn llawer tlotach o ran adnoddau naturiol ac yn llawer gwannach—1.7% o'i chyllid a werir ar arfau rhyfel o'i gymharu â 12.6% Prydain. Ond y mae llwyddiant materol Lwcsembwrg yn ddisglair. Onid yw'n wlad fach ymreolus?

Y Swistir

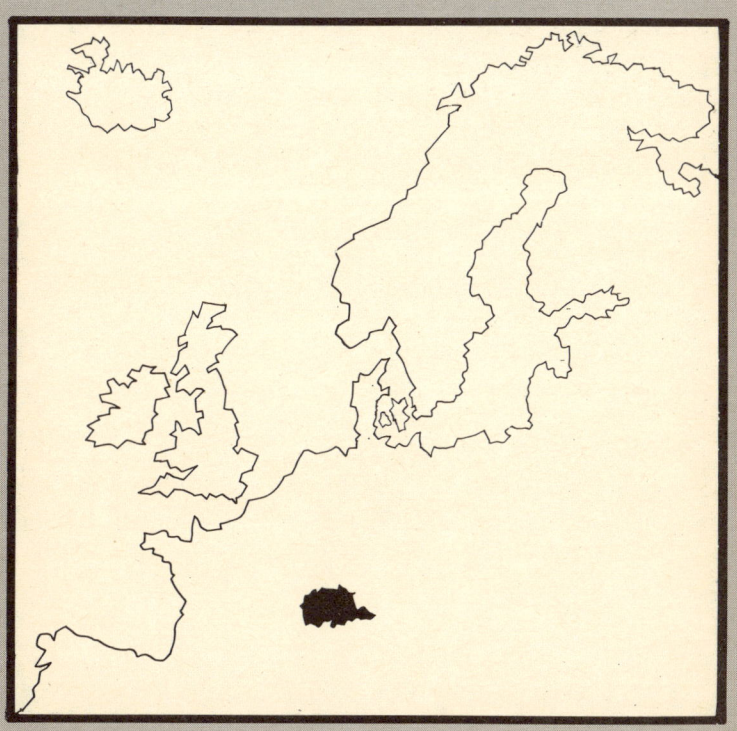

Bern, Y Swistir

Mor aml y clywsom wrthwynebwyr hunanlywodraeth i Gymru'n taeru bod Prydain yn rhy fach i gael mwy nag un llywodraeth. Mae cip ar Y Swistir yn ddigon i ddangos mor gwbl ddwl yw'r ddadl honno. Ochr yn ochr â'r Swistir ymddengys Prydain Fawr, sydd ddengwaith ei phoblogaeth, fel anghenfil o wlad. Eithr er mai'r ddegfed ran o boblogaeth Prydain sydd gan Y Swistir y mae yno 27 llywodraeth, sef llywodraeth ffederal ganolog a 26 llywodraeth canton. Ym Mhrydain Fawr un llywodraeth yn unig sydd i bedair cenedl a 57 miliwn o bobl, tra bo 27 llywodraeth yn Y Swistir gogyfer â phum miliwn a hanner o bobl, sef llywodraeth ar gyfer pob rhyw ddau can mil o bobl. Er bod Y Swistir mor amddifad o adnoddau naturiol, ganddi hi y mae'r safon byw uchaf yn Ewrop, onid yn y byd. Ychwanegodd lluosowgrwydd ei llywodraethau at ei llewyrch economaidd yn ogystal ag at ddisgleirdeb ei democratiaeth.

Un o'r dadleuon mwyaf cyffredin a ddygwyd yn erbyn hunanlywodraeth i Gymru fu maint y wlad ; y mae'n rhy fach, meddid hyd at syrffed, i gynnal llywodraeth. Ond y mae'r 2¾ miliwn o bobl sydd yng Nghymru yn fwy na hanner poblogaeth Y Swistir; mae'n fwy na phoblogaeth hanner cant o wledydd sy'n aelodau o'r Cenhedloedd Unedig; mae'n fwy na dengwaith cymaint â chyfartaledd poblogaeth cantonau'r Swistir, a fedd bob un ei lywodraeth. Ychydig dros ddau can mil yw cyfartaledd poblogaeth y 26 canton, llai na Lwcsembwrg a Gwlad yr Iâ. Ar ben hyn, cenedl yw Cymru, hen gymuned genedlaethol, tra bo'r cantonau'n gymunedau taleithiol, nid cenhedloedd. Tra bo'r *genedl* Gymreig heb ddim rheolaeth dros ei bywyd y mae gan bob *canton* lywodraeth sy'n meddu ar lawer mwy o alluoedd nag a gâi'r cynulliad etholedig a wrthodwyd gan y Cymry ym 1979; y mae i bob canton yr un galluoedd, beth bynnag fo'i faint. Dyma ffigurau a gyhoeddwyd (ac eithrio Jura) ym 1967:

CANTON	POBLOGAETH
Zürich	952,304
Bern	889,523
Vaud	429,512
Aargau	366,940
St.Gallen	339,489
Genefa	259,234
Luzern	253,446
Basel-Stadt	225,588
Solothurn	200,816
Ticino	195,566
Valais	177,783
Thurgau	166,420
Fribourg	159,194
Basel-Landschaft	148,282
Neuchâtel	147,633
Graubunden	147,458
Schwyz	78,048
Zug	52,489
Appenzell A.Rh.	48,920
Glarus	40,148
Uri	32,021
Obwalden	23,135
Nidwalden	22,188
Appenzell I.Rh.	12,943

(Daeth Jura i fodolaeth yn ddiweddarach gyda phoblogaeth o 67,500.)

Sylwer bod poblogaeth 17 canton o dan ddau can mil, fod saith o'r naw arall o dan 450,000, a bod gan y naw isaf lai o boblogaeth nag Ynys Môn. Er hynny y mae galluoedd deddfwriaethol pwysig gan bob un. Yn wir, ym meddwl y Swisiaid, medd Ioan Bowen Rees, llywodraeth y canton yw eu llywodraeth; y Ffederasiwn yw'r enw a roddir ar y llywodraeth ganol yn Bern. Y mae pob canton yn wladwriaeth sofran. Cwyd y cantonau 70% o drethi'r Swistir, a hwy sy'n gyfrifol am dros ddwy ran o dair o holl wariant y wlad. Y Ffederasiwn sy'n gyfrifol am amddiffyn milwrol a pholisi tramor, ond dim ond 2.8% o'i chynnyrch cenedlaethol a waria ar arfau rhyfel; gwaria Prydain Fawr bron i ddwywaith cymaint. Ond datganolir grym eto fyth, i'r tair mil a mwy o gomunau, unig endidau llywodraeth leol Y Swistir. Er bod poblogaeth dros hanner y comunau o dan fil meddant oll ar allu i ddeddfu ac i godi bron unrhyw dreth a fynnant.

Ym 1978, flwyddyn cyn i bobl Cymru wrthod y galluoedd pitw a gynigiwyd iddynt mewn cynulliad etholedig ym 1979, pleidleisiodd pobl cymuned y Jura gyda mwyafrif o bedwar i un dros gael llywodraeth fyddai â galluoedd helaethach o lawer na'r Cynulliad arfaethedig. Y mae poblogaeth Cymru'n ddeugain gwaith mwy na Jura ac y mae'r Cymry'n genedl.

Onid yw'r datganoli hwn, sydd mor ffôl o eithafol yn ôl safonau Prydeinig, yn arwain at aneffeithiolrwydd ac anhrefn? I'r gwrthwyneb, canlyniad ymddiried cyfrifoldeb mor fawr i gynifer o bobl yw trefn nad oes ei heffeithiolach yn y byd. Er enghraifft, methodd llywodraeth Llundain, lle y canolir pob gallu dros Gymru, â gwneud peth mor syml ag adeiladu ffordd ganol fawr trwy ein gwlad, tra mae cantonau mynyddig Y Swistir wedi codi ffyrdd a phontydd sy'n gampweithiau peirianyddol. Ac eithrio'r Ffindir, Y Swistir sy'n gwario fwyaf o'i chynnyrch cenedlaethol ar ffyrdd. 'Does gan Gymru ddim ffordd yn rhedeg fel asgwrn cefn o'r de i'r gogledd. Ffordd sy'n nodweddiadol o ffyrdd sy'n dirwyn drwy ganol Cymru yw'r ddwy filltir ar hugain sy'n cydio Caerfyrddin wrth Lanbedr Pont Steffan— trigain a mwy o droeon cas a dim ond chwech o fannau lle y gellir gweld ymlaen dros ddau ganllath. Pe bai gan Gymru lywodraeth debyg i 26 llywodraeth canton Y Swistir ni fyddai'r sefyllfa waradwyddus hon yn bod. Yn ogystal â'i ffyrdd ardderchog y mae gan Y Swistir sustem wych o reilffyrdd, pob milltir wedi ei thrydaneiddio, a ninnau yng

Nghymru heb gymaint ag un filltir o reilffordd drydaneiddiedig.

Gwnaed pob un o dair haen llywodraeth Y Swistir, y llywodraeth ffederal yn Bern, y 26 canton a'r 3,100 comun, yn fwy effeithiol gan ddatganoli radical. Ychwanegodd canolbwynt twf y cantonau hefyd at effeithiolrwydd yr economi ac at y cyfoeth diwylliannol. Ym marn aeddfed J.K.Galbraith y mae gweriniaeth Y Swistir yn rhoi atebion disglair i gwestiynau megis "gwarchod yr amgylchedd, tai a gwasanaethau cyhoeddus da, cymorth call i amaethyddiaeth a diwydiant, addysg sy'n meithrin y delfryd democrataidd."

Prydain Fawr, y wlad y mae Cymru'n rhan ohoni, yw'r wladwriaeth fwyaf canoliaethol yn Ewrop, heb eithrio Ffrainc. Fe'i rheolir gan oligarchiaeth, nid gan bobl sofran. Gyda threfn gymhleth iawn ac araf ei gweithrediad y mae'r gwrthgyferbyniad rhwng Prydain Fawr a'r Swistir yn drawiadol. Gwlad o gymunedau bychain yw honno; ym mychander ei chelloedd y mae ei mawredd. Y mae sofraniaeth y bobl yn ffaith yno. Seilir pob llywodraeth ynddi ar gymuned, cymunedau comun, canton a chenedl. Y gymdogaeth leol a'r genedl a ddylai fod yn sail llywodraeth leol a chenedlaethol yng Nghymru hefyd gan fod bywyd cymunedol iach yn amgylchedd angenrheidiol i fywyd personol llawn. Y mae gan bob cymuned bosibiliadau creadigol, ac yn Y Swistir fe'u sylweddolir am fod ganddynt fesur mor helaeth o ymreolaeth. Onid yw'r genedl Gymreig yn gymuned o bosibiliadau creadigol enfawr, ac oni sylweddolid y rhain yn llawnach pe bai ganddi reolaeth dros amodau ei bywyd?

Gwlad o raniadau dwfn yw'r Swistir, yn ddaearyddol, crefyddol ac ieithyddol. Datganoli gallu a'i tynnodd yn un. Un arwydd o'i hunoliaeth yw mai ei llywodraeth ganol hi sy'n cynrychioli'r cyfartaledd uchaf yn Ewrop o etholwyr y wlad, sef 77.5%. Llywodraeth Prydain Fawr sy'n cynrychioli'r cyfartaledd isaf, sef 42.3%. Cynrychiola llywodraeth Yr Almaen, hen wlad Natsïaidd, 55.8%, a'r Eidal a fu'n Ffasgaidd 57.4%. Cynrychiolir a dan draean etholwyr Cymru gan ei llywodraeth. Dyma un ffordd o gymharu democratiaeth Cymru a'r Swistir.

Gwrthwynebir hunanlywodraeth i Gymru a'r Alban ar y sail y byddai'n creu anundeb. Dengys Y Swistir bod datganoli yn gallu creu undeb ddofn. Yn yr Oesoedd Canol bu'r cantonau'n ymladd yn erbyn ei gilydd, a bu teimladau chwyrn rhwng y Pabyddion a'r Protestaniaid sy'n ddwy ran o dair o'r boblogaeth. Mae tair o ieithoedd cryfaf Ewrop yn rhannu'r wlad, Almaeneg, Ffrangeg ac Eidaleg, yn ogystal ag iaith fach Romansch, Romaneg. Ceir yn agos i ddwy ran o bump o'r boblogaeth mewn dau ganton, ond am fod cynifer o gantonau nid yw un neu ddau o rai cryfion yn ddigon cryf i ddominyddu'r lleill. 'Does dim byd sy'n ymylu ar ddominyddiaeth Cymru gan Loegr yn bosibl yn Y Swistir. Ymuno â'i gilydd yn wirfoddol mewn undeb a wnaeth y cantonau. Undeb y gelwir y berthynas rhwng Cymru a Lloegr, a'r Ddeddf Uno yw'r teitl a roddir yn gyffredin ar y statud a ymgorfforodd Gymru yn Lloegr ym 1536, eithr ei llyncu gan Loegr a gafodd y genedl hon, nid ei huno â hi. Ni adawodd y Ddeddf Ymgorffori iddi ddim galluoedd o gwbl dros amodau ei bywyd cenedlaethol.

Gwladwriaeth fach yn meddu ar ei dinasyddiaeth ei hun yw pob canton. Y mae eu galluoedd yn eang. Y canton sy'n gweinyddu'r gwasanaethau cymdeithasol; mae ganddynt safonau uchel, mewn gwlad sydd, yn ôl Ioan Bowen Rees, yn gymdeithas les yn hytrach na gwladwriaeth les. Y canton sy'n penderfynu ar gymwysterau proffesiynol. Y mae'n rheoli'r heddlu. Gall sefydlu ei fanc, ei eglwys a'i brifysgol ei hunan, a gwnaeth rhai cantonau'r tri pheth hynny. Dim ond dwy brifysgol, sef politechnig Zürich a Lausanne, sy'n sefydliadau ffederal; y mae'r lleill, sef pedair prifysgol Ffrengig a thair Almaenig, yn dod o dan reolaeth gantonal. Y mae addysg yn llwyr o dan reolaeth gantonal. 'Does neb yn cyfateb i Mr.Baker yn Bern Almaenaidd yn gallu penderfynu beth sy'n digwydd i addysg Ticino Eidalaidd, neu ysgolion Romaneg canton Graubunden, neu Brifysgol Genefa Ffrengig. Rhwydwaith o athrawon sy'n penderfynu cwricwlwm yr ysgolion; llywodraeth y canton biau'r cyfrifoldeb amdanynt; y comunau sy'n gweinyddu. Y canton sy'n penderfynu iaith yr ysgolion—mater o'r pwys mwyaf mewn gwlad lle mae tair iaith gref ac un wan. Yng nghanton mynyddig Graubunden lle siaredir Romaneg y mae'r sefyllfa fwyaf diddorol. Fel yr awgryma ei henw, iaith Ladinaidd yw Romaneg, yn deillio o gyfnod y goresgyniad Rhufeinig. Almaeneg yw prif iaith y canton er bod Eidaleg yn gryf yno hefyd. Cyfran go fechan o'r bobl sy'n siarad Romaneg a rhennir y rheiny yn siaradwyr pedair tafodiaith.

Safon uchel addysg Y Swistir sy'n esbonio'i llwyddiant economaidd i raddau helaeth. Gan fod y wlad mor brin o adnoddau naturiol, dibynnai safon byw'r bobl bron yn llwyr ar ddatblygu eu galluoedd cynhenid. Meddyliwn am Y Swistir fel gwlad sy'n dibynnu ar fanciau a thwristiaeth, ond er bod y rheiny'n gymorth sylweddol, fel y mae twristiaeth yng Nghymru, y gwir yw mai ar ddiwydiant y mae'r Swistir yn ddibynnol. Hi yw'r wlad fwyaf diwydiannol yn Ewrop, ond dibynna'i diwydiannau ar nwyddau crai a fewnforir; 'does odid ddim yn y wlad ei hun. Diwydiannau bychain ydyn nhw sy'n gofyn am weithwyr crefftus sy'n mwynhau eu gwaith. Y mae hyn yn wahanol iawn i'r sefyllfa yng Nghymru gyfoethog lle gweithiai 270,000 o ddynion yn y diwydiant glo yn nechrau dauddegau'r ganrif hon. Gwneud oriaduron yw diwydiant mwyaf Y Swistir. Cyfloga hanner can mil o ddynion a gwragedd, ond gweithiant mewn 400 o ffatrïoedd bychain, pymtheg i bob ffatri ar gyfartaledd, a'r rhelyw ohonynt yn gwneud gwaith cywrain na ladd feddwl nac ysbryd. Y mae tai'r gweithwyr hefyd yn fwy boddhaol na thai gweithwyr gwledydd Prydain. Ni welwch ystadau mawr hyll o dai unffurf yno, ac ni cheir yno broblemau dyrys yng nghanol eu dinasoedd. Ni cheir odid ddim streiciau yno ychwaith na fawr ddim diweithdra. Saif diweithdra yno ar 0.3% o'i gymharu â

13% Cymru.

Lle y mae llywodraeth y mae man twf. Nid damwain yw bod rhan gyfoethocaf Y Deyrnas Unedig o fewn trigain milltir i Lundain, er mai dyma'r rhan a fedd leiaf o adnoddau naturiol Prydain. "Oxbridge is the London hinterland", medd Raymond Williams. O'r £8,000 o filiynau a wariwyd gan y Weinyddiaeth Amddiffyn ym 1987 gwariwyd 68% yn ne Lloegr, 27% yng ngogledd-ddwyrain Lloegr, 6% yn Yr Alban ac 1% yng Nghymru. Dyna natur cymorth rhanbarthol gwledydd Prydain. Yn Y Swistir y mae chwech ar hugain o fannau twf, sy'n mynd gyfran helaeth o'r ffordd i esbonio llewyrch mawr y wlad. Gall llywodraeth canton hybu diwydiant ac achub diwydiant rhag tranc. Er enghraifft pan oedd diwydiant oriaduron Jura mewn perygl o gau yn ystod dirwasgiad y tridegau fe'i hachubwyd gan lywodraeth y canton; ac achubwyd gwaith twrbein mawr Zürich gan y canton yno. Bu'r banciau cantonal yn fodd i hybu datblygiad diwydiannol y tu allan i'r trefi mawrion. Gall canton neu gomun brynu siarau mewn cwmnïau a gallant ryddhau cwmnïau newydd rhag talu trethi. Er enghraifft denwyd diwydiant gwneud rhannau ceir modur a gyflogai bedwar cant i gomun bach mynyddig St.Nicholas trwy ei ryddhau'n llwyr rhag gorfod talu trethi am ddeng mlynedd. Dwsin yn unig o'r gweithwyr a ddaeth o'r tu allan i'r cylch.

Deddfwriaethol, yn bennaf, yw swyddogaeth canton. Datganolir llawer o'i alluoedd gweithredol i'r comun, sy'n meddu ar lawer iawn mwy o alluoedd na'n cynghorau lleol ni. Cymuned leol ymreolus yw comun, ac yn ei chymunedau lleol, ys dywedodd de Tocqueville, y gorwedd nerth pobl ryddion. Er bod gan dros ddwy fil o gomunau'r Swistir lai na mil o boblogaeth, a chan draean ohonynt lai na thrichant o boblogaeth, y mae gan y comun lleiaf yr un galluoedd helaeth â'r un mwyaf. Os yw un comun yn rhy fach i wneud rhywbeth arbennig sydd ei angen arno, megis codi ysgol gynradd neu ysgol uwchradd, bydd sawl un yn cydweithredu â'i gilydd. Gwell ganddynt gydweithredu â'i gilydd na chael eu bwrw at ei gilydd yn unedau mwy. Hanfod Swisiaeth, meddir, yw cydraddoldeb cymunedau, ar lefel y comun a'r canton fel ei gilydd. Y mae gan y comunau bychain hyn allu i ddeddfu, cyhyd ag y bo'r deddfau hynny o fewn terfynau deddfau'r canton a'r ffederasiwn. Gallant sefydlu diwydiannau. Perchnoga rhai fforestydd ac adnoddau dŵr gwerthfawr. Yn rhyfeddaf oll, meddant ar alluoedd eang i godi trethi, dwsin o wahanol fathau o drethi gan gynnwys treth incwm, treth pwrcasu, treth ar eiddo a hyd yn oed dreth ar ystadau. Yn ogystal â'r gallu hwn gan gomun a chanton i godi trethi amrywiol gallant ymuno i rwystro'r llywodraeth ganol rhag codi treth newydd. Enghraifft nodedig o hynny oedd rhwystro'r ffederasiwn trwy refferendwm, rhag codi treth ar werth ym 1977.

Aeddfedrwydd gwleidyddol y Swisiaid sy'n gyfrifol am lwyddiant enfawr trefn sydd, yn ôl safonau Prydeinig, yn eithafol o ddemocrataidd. Ni fu gan gynghorau lleol Prydain Fawr erioed ddim tebyg i'r galluoedd helaeth a fwynheir gan gomunau'r Swistir, a chaiff y galluoedd a fu ganddynt eu herydu fwyfwy yn awr. Cynydda rheolaeth biwrocratiaid Whitehall ar fywyd lleol a chenedlaethol Cymru yn ddidostur flwyddyn ar ôl blwyddyn. Crynhoa'r fiwrocratiaeth Lundeinig alluoedd anferth i'w dwylo— mwy nag unrhyw wlad Ewropeaidd, a'r fiwrocratiaeth honno sydd fwyaf gwenwynig ei gelyniaeth i Gymru. Nid oes gan lywodraeth ganol Y Swistir gymaint ag adran i reoli canton a chomun. O'r herwydd, tra bo galluoedd llywodraethol Prydain Fawr yn mynd fwyfwy i ddwylo biwrocratiaeth a oedd eisoes, byth oddi ar ddyddiau'r Ymerodraeth, yn chwyddedig a gornerthol, yn Y Swistir fechan y mae'r fiwrocratiaeth yn gymharol fach a gwan. Ar gyfartaledd y mae bron deirgwaith cynifer o fiwrocratiaid ym Mhrydain Fawr ag sydd yn Y Swistir. Prydain Fawr yw'r wlad fwyaf canoliaethol yn Ewrop; o holl wledydd y Gymuned Ewropeaidd ganddi hi y mae'r canran uchaf o fiwrocratiaid.

Yn Y Swistir dibynnir yn helaeth iawn ar wasanaeth gwir-foddol ei dinasyddion heb leihau, eithr ychwanegu at, ei heffeithiolrwydd. Amlygir ansawdd ei phobl gan awydd cynifer ohonynt i weithio er lles cymuned y comun neu'r canton mewn rhychwant o feysydd sy'n cynnwys lles per-sonau unigol a lles yr amgylchedd—'does yr un wlad yn Ewrop lle ceir gwell, os cystal, gofal am yr amgylchedd.

* * * * * *

Wrth gwrs y mae rhesymau hanesyddol dros gymeriad tra democrataidd Y Swistir. Sefydlwyd cnewyllyn y wlad yn y drydedd ganrif ar ddeg, naw mlynedd ar ôl lladd y Tywysog Llywelyn, pan grewyd cynghrair rhwng tair gwlad fach Almaeneg eu hiaith. Conffederasiwn o wledydd annibynnol oedd y cynghrair hwn, fel y bu'r Gymanwlad Brydeinig yn gonffederasiwn. Hanfod conffederasiwn, o'i gymharu â ffederasiwn, yw nad oes ganddo lywodraeth ganol sydd ag awdurdod dros y gwledydd a berthyn iddo. Yn y bedwaredd ganrif ar ddeg ymunodd pedair gwlad fach arall â'r tair wreiddiol, a phump wedyn yn y bymthegfed ganrif. Gan eu bod yn enwog fel milwyr yn y cyfnod hwn, cyflogwyd Swisiaid i ymladd dros lawer gwlad. Ym 1375 trechwyd neb llai nag Owain Lawgoch gan wŷr Bern pan oedd ar ei ffordd i Awstria i geisio adfer y deyrnas honno i'w feistr Ffrengig. O'r unfed ganrif ar bymtheg ymlaen dygodd gwledydd y conffederasiwn bwysau trwm ar gylchoedd cymdogol lle siaredid Ffrangeg, Eidaleg a Romaneg ac fe'u rheolwyd fel tiroedd darostyngedig. Ond darostyngwyd y conffederasiwn ei hun ym 1798. Daeth i ben pan oresgynnwyd ef gan y Ffrancod yn y flwyddyn honno.

Cyfnod Y Chwyldro Ffrengig a Napoleon yw'r pwysicaf yn hanes Y Swistir. Ceisiodd y Ffrancod osod ar yr hen gonffederasiwn gyfansoddiad ffederal a chreu chwe chan-ton newydd a barchai gydraddoldeb yr ieithoedd Almaeneg,

Ffrangeg ac Eidaleg. Methiant i raddau fu eu hymgais am i'r cyfansoddiad gael ei orfodi ar y wlad gan allu estron. Daeth Almaeneg yn iaith y ffederasiwn ond parhaodd y chwe chanton newydd yn ymreolus ac ychwanegwyd tri arall atynt. Ym 1847 bu rhyfel byr a go ddi-waed rhwng saith canton Catholig a Ffrengig â'r gweddill. Y cantonau Protestannaidd, Almaenaidd a orfu. Hyn a ddaeth â'r Swistir fodern i fodolaeth. Lluniwyd cyfansoddiad newydd a ddaeth i rym ym 1848. Darfu am nodweddion yr hen gonffederasiwn, sef cynghrair o wledydd annibynnol heb lywodraeth ganol i reoli'r cantonau. Daeth Y Swistir yn ffederasiwn gyda llywodraeth ffederal gref yn Bern. Serch hynny, er i'r cantonau ildio galluoedd pwysig i'r llywodraeth ganol ni chawsant eu llyncu gan wladwriaeth fawr, fel y cafodd Cymru ei llyncu gan Loegr. Daliasant afael ar eu llywodraethau eu hunain a pharhau i fwynhau galluoedd mawr. Y drefn ddatganoledig hon sy'n gyfrifol am heddwch cymdeithasol anghyffredin Y Swistir a dyma a'i gwnaeth yn bosibl, am y tro cyntaf, i ddiwylliant y gellir ei alw'n Swisaidd ddatblygu. Perthyn diwylliant Cymru i bob oes; i'r ganrif hon y perthyn diwylliant Y Swistir.

Pery gwahaniaethau crefyddol ac ieithyddol dwfn yn Y Swistir, ac at ei gilydd y mae gwahaniaethau crefydd ac iaith yn dilyn yr un ffiniau. Protestaniaid yw mwyafrif y ddwy ran o dair o'r bobl sy'n Almaeneg eu hiaith; Pabyddion, yn bennaf, yw'r bumed ran Ffrangeg a'r ddegfed ran Eidaleg eu hieithoedd. Iaith i lai nag un y cant o'r boblogaeth yw'r Romaneg, ac fe'i siaredir gan Babyddion a Phrotestaniaid. Er mai rhyw 200,000 yn unig o Swisiaid sy'n siarad Eidaleg y mae'r iaith yn gwbl gydradd â'r Almaeneg a siaredir gan ugain gwaith cynifer â hynny. Ticino mynyddig, sy'n disgyn i Locarno ar Lyn Maggiore hardd, yw'r unig ganton Eidalaidd. Rhy'r ffederasiwn gymorth mawr a hael i'r canton hwnnw i ddiogelu ei integriti diwylliannol ac ieithyddol—integriti sy'n cael ei fygwth gan gynnydd ym myd twristiaeth a'r mewnfudiad o

Almaenwyr. Bu gan Ticino ei chyfundrefn radio, gyda cherddorfa simffoni ynghlwm wrthi, ymhell cyn bod dim tebyg gan Gymru. Darlledir 55 awr yr wythnos o raglenni teledu Eidalaidd gan ei gorsaf deledu—i ddau can mil o bobl. Cyhoeddodd llywodraeth y canton orchymyn fod pawb i roi blaenoriaeth i'r Eidaleg ar bob arwydd cyhoeddus ble bynnag y byddent a phwy bynnag a'u perchnogent—y tu allan i siopau, swyddfeydd, ystafelloedd pobl broffesiynol, ffatrïoedd ac ati, yn ogystal ag adeiladau cyhoeddus.

Tasg anos o lawer na meithrin Eidaleg yn Y Swistir yw diogelu Romaneg, yr unig iaith gwbl Swisaidd. Dim ond 36,000 o bobl sy'n ei siarad, ac o'r rheiny y mae miloedd ohonynt wedi ymadael â'u bro ac yn wasgaredig trwy'r Swistir. 22,000 yn unig sy'n byw yn rhanbarth Romaneg canton mynyddig Graubunden. I ddrysu'r sefyllfa ymhellach, rhennir siaradwyr Romaneg rhwng pedair tafodiaith wahanol iawn i'w gilydd. Er hyn cyhoeddir testunlyfrau i'r ysgolion lle mae Romaneg yn gyfrwng addysg yn y pedair tafodiaith. Mae'n ffaith nodedig fod y fath beth yn bod â chyfundrefn fach o ysgolion Romaneg eu hiaith, a'u bod yn hyfforddi athrawon i ddysgu trwy gyfrwng yr iaith, a hynny gogyfer â llai o blant nag sy'n siarad Cymraeg ar Ynys Môn. Ceir 73 ysgol feithrin Romaneg mewn 60 comun. Cyhoeddir llyfrau mewn tafodiaith sy'n eiddo i gyn lleied â mil o blant, a chyhoedda'r canton destunlyfrau mewn Almaeneg ac Eidaleg yn ogystal â Romaneg.

Gan fod Graubunden yn ganton mor brydferth bygythir Romaneg gan y twristiaid a'r mewnfudwyr a heidia iddo gan achosi cynnydd peryglus yn nifer y priodasau cymysg. Fel y canodd un o'i beirdd:

> Estroniaid rif y gwlith
> heb ymdoddi i'n plith
> sy'n prynu ein meysydd
> i godi eu tai
> wrth ymyl ein hendai ni.

Ond brwydrant yn lew dros eu heniaith, er enghraifft ym Mhontresina, prif bentref y rhanbarth Romaneg. Gyda chynnydd mewnfudwyr Almaeneg ac Eidaleg eu hiaith disgynnodd cyfartaledd siaradwyr Romaneg Pontresina i 20%. Serch hynny, penderfynodd y cynulliad cyhoeddus sy'n rheoli'r comun fod Romaneg i barhau'n gyfrwng addysg yn yr ysgolion. Mae'n syndod faint a gyhoeddir yn yr iaith. Ymddengys tri phapur unwaith neu ddwywaith yr wythnos. Achwynir bod eu cylchrediad ill tri o dan bum mil! Byddai'n dda gan *Y Faner* gael cynifer o brynwyr, ac oni fyddem yn falch pe bai gan yr hanner miliwn Cymry Cymraeg bapur a ymddangosai ddwywaith yr wythnos? Cyhoeddir nifer sylweddol o lyfrau, a chyhoeddwyd nifer o gyfrolau o gyfieithiadau o farddoniaeth a storïau Romaneg mewn ieithoedd eraill gan gynnwys Saesneg. Cymorth hael comun, canton a'r ffederasiwn sy'n gwneud hyn oll yn bosibl, fel y mae'n gwneud gwasanaeth radio Romaneg, a rhaglenni teledu'r iaith, yn bosibl. Caiff bwletin newyddion deng munud ei ddarlledu mewn Romaneg trwy'r Swistir oll. Wrth gwrs, caiff y mudiadau gwirfoddol sy'n hybu'r iaith gymorth hael o lawer cyfeiriad; hyn a'u galluogodd i gyhoeddi geiriaduron, gramadegau a llyfrynnau o dermau technegol i'w moderneiddio. Rhwng popeth derbynia'r rhanbarth Romaneg tua dengwaith cymaint o sybseidïau ffederal ag a wna'r comunau cefnog. Er mwyn dangos y gwerth a roddir ar yr unig iaith Swisaidd, cyhoeddodd y llywodraeth ffederal ym 1938 y byddai'r Romaneg, a oedd eisoes yn un o ieithoedd swyddogol canton Graubunden, yn un o bedair iaith genedlaethol Y Swistir gan ei rhoi, mewn egwyddor, ar yr un gwastad â'r Almaeneg, y Ffrangeg a'r Eidaleg.

Er mwyn cadw siaradwyr Romaneg yn eu cynefin a rhwystro allfudiad dilyna llywodraeth y canton bolisi egnïol o feithrin bywyd economaidd y rhanbarth trwy weithredu mesurau arbennig i ddatblygu diwydiannau ac amaethyddiaeth yn y fro honno. Eithr y perygl mwyaf yw mewnfudiad. Er mwyn rheoli nifer y mewnfudwyr rhoddwyd gallu, ym 1961, i lywodraeth y canton a'r comunau i rwystro gwerthu tiroedd preifat i estroniaid.

* * * * * *

Pe câi Cymru safle a galluoedd canton Swisaidd byddai hynny yn gymorth mawr i gynnal a chryfhau bywyd y wlad, ond eto nid safle cenedlaethol mo hwnnw. Cenedl yw Cymru. Safle cenedlaethol cyflawn yw ei hawl a'i hangen hi. Er nad oeddent yn genhedloedd dyna'r safle a fwynhâi cantonau yn yr hen gonffederasiwn. Roedd ganddynt reolaeth ar eu hamddiffyn milwrol a'u perthynas â'r gwledydd o'u cwmpas, yn union fel y bu gan wledydd y Gymanwlad Brydeinig a oedd yntau'n gonffederasiwn. Nid oeddent yn israddol i'r un wlad na llywodraeth, eithr yn wledydd rhyddion, cydradd â'i gilydd. Y safle hwn, a roddai iddi le yn y Gymuned Ewropeaidd a'r Cenhedloedd Unedig, yw hawl y genedl Gymreig. Wrth reswm byddai angen corff ar linellau'r Cyngor Nordig i arolygu'r berthynas arbennig o agos a fyddai rhwng cenhedloedd yr Ynysoedd Prydeinig.

Rhoddai safle cenedlaethol cyflawn y gallu i Gymru benderfynu ffurf ei threfn fewnol ei hun. Gallai wedyn gefnu ar ffurf oligarchaidd llywodraeth Prydain gyda'i ganoli eithafol, a mabwysiadu dull cwbl ddatganoliaethol a adferai sofraniaeth y bobl. Go brin y caiff ei sefydlu byth, ond y drefn orau i Gymru yn fy marn i yw trefn ffederal debyg i un Y Swistir, trefn a roddai gymaint o allu ag sydd modd ei roi yn nwylo'r bobl yn eu cymunedau lleol a thaleithiol. Rhoddai'r drefn honno safle tebyg i safle canton i'r wyth sir Gymreig. Byddai pob un yn meddu ar ei llywodraeth ei hun; byddai pob un yn ganolfan twf, yn economaidd ac yn ddiwylliannol.

Latfia

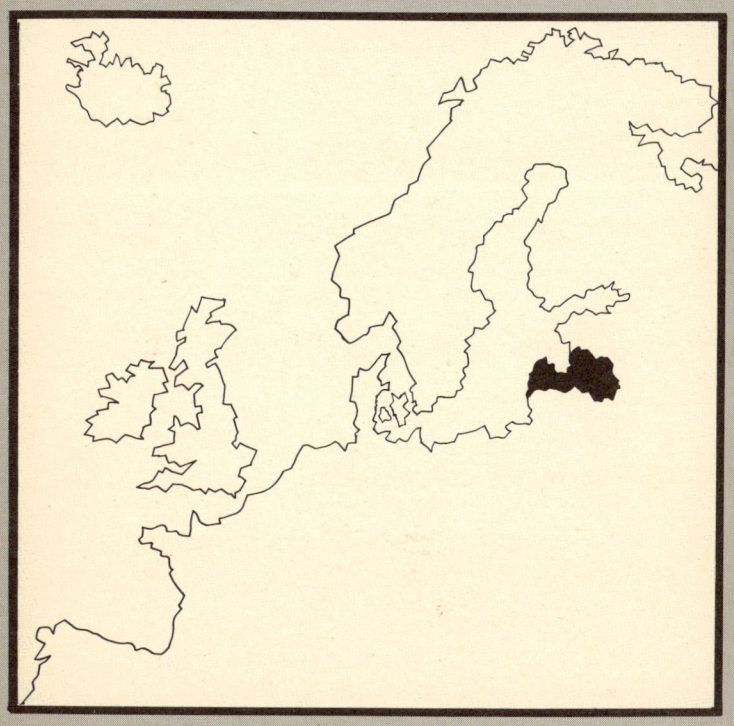

Riga, prifddinas Latfia

Byddai'r hyn a gyflawnodd Latfia yn ystod y pedair cenhedlaeth ddiwethaf i'w edmygu hyd yn oed pe bai'n gynnyrch hen wareiddiad cenedlaethol tebyg i Gymru, ond o gofio hanes cwbl ddi-fraint y wlad y mae'n dra rhyfeddol. Mae'r gwahaniaeth sydd rhwng ei hanes hi a hanes Cymru'n drawiadol. Ymffurfiodd Cymru'n genedl oesoedd yn ôl yn ystod Oes y Saint; dyma'r cyfnod yn union ar ôl ymadawiad y Rhufeiniaid, y gwnaeth eu harhosiad o dros dair canrif gymaint i gyfoethogi ein bywyd a'n hiaith. Cymru yw unig aer y gwareiddiad Rhufeinig yn yr Ynysoedd Prydeinig. Amlygir safon y gwareiddiad Cymreig cynnar ym marddoniaeth Taliesin ac Aneirin yn y chweched ganrif. Am fod y Cymry wedi llwyddo i amddiffyn eu gwlad yn erbyn yr Almaenwyr a ysgubodd dros wledydd yr Ymerodraeth Rufeinig, ac yn erbyn gelynion eraill am bron i fil o flynyddoedd, ei gwareiddiad hi yn unig o bob cenedl Ewropeaidd a fuasai'n rhan o'r Ymerodraeth Rufeinig a barhaodd i ddatblygu o'r oes bell honno hyd heddiw. Am fil a mwy o flynyddoedd bu ei llenyddiaeth yn un o lenyddiaethau mawr Ewrop, yr Ewrop y dylanwadwyd arno mor drwm gan y chwedlau Arthuraidd. Yn y ddegfed ganrif codeiddiwyd ei chyfreithiau; cydnabyddir safon anarferol o uchel Cyfraith Hywel. Chwe chanrif yn ddiweddarach fe'i cyffyrddwyd hi gan y Dadeni Dysg, ac yn y ddeunawfed ganrif cafodd ei hysgwyd gan ddeffroad ysbrydol mawr. Yn y ganrif ddiwethaf roedd ei diwylliant poblogaidd deallusol yn unigryw; trwy'r iaith Gymraeg, iaith mwyafrif helaeth ei phobl, y cafodd hwnnw fynegiant, wrth gwrs. Yn wir, yng nghanol y bedwaredd ganrif ar bymtheg yr oedd lle i sylwedydd gwrthrychol broffwydo y deuai Cymru yn un o genhedloedd bach mwyaf nodedig y byd, yn wlad a fyddai'n ysbrydoliaeth i eraill, yn dilyn ei gweledigaeth yn y bywyd cydwladol gyda disgleirdeb. Eithr yr hyn a welwn heddiw yw cenedl gaeth yn llusgo byw fel rhanbarth ymylol o Loegr heb ddim rhyddid i weithredu drosti ei hun.

Pan oedd y Rhufeiniaid yn cyfoethogi bywyd Cymru ni chyffyrddwyd bywyd cyntefig llwythau Latfia gan wareiddiad uwch, a pharhaodd eu hoesoedd tywyll hwy yn ddilewych hyd nes i filwyr Almaenaidd Urdd y Marchogion Tiwtonaidd eu gorchfygu yn oes Llywelyn Fawr. Nhw ddygodd Gristnogaeth i'r wlad, chwe chanrif ar ôl oes Dewi Sant. Sbel wedyn cystadlodd yr Eglwys yn filwrol â'r Marchogion am reolaeth gan esgor ar sawl rhyfel cartref. Ymladdai pobloedd eraill hefyd (gan gynnwys Pwyliaid, Rwsiaid, Swediaid a Daniaid) ar wastadeddau Latfia am feistrolaeth tiroedd dwyreiniol Y Baltig. Gorchfygwyd y Marchogion Tiwtonaidd gan y Pwyliaid; trechwyd y Pwyliaid yn eu tro gan y Rwsiaid. Dyna sut y daeth Latfia yn rhan o Rwsia yn y ddeunawfed ganrif.

Pa fath o fywyd a gafodd brodorion Latfia? Taeogion oedd trwch y boblogaeth, nid taeogion o ran ysbryd ond taeogion mewn ffaith, ynghlwm wrth y tir ac o dan sawdl eu meistri—yr un sefyllfa â phobl Y Ffindir ac Estonia. Nid ymdeimlai'r meistri, a oedd o dras Almaenaidd, â dim ymlyniad wrth Latfia; i Rwsia y rhoddent eu teyrngarwch, fel y rhoes yr un dosbarth yng Nghymru eu teyrngarwch i Loegr. Ond cododd dosbarth canol eithaf sylweddol yn y trefi. Riga, y brifddinas, oedd y fwyaf o'r rhain. Hi oedd tref a phorthladd mwyaf tair gwlad fach Y Baltig. Denid llawer o estroniaid, yn arbennig Rwsiaid a Phwyliaid, i fyw ynddi hi a'r trefi eraill; yn nechrau'r ganrif hon roedd chwarter poblogaeth Latfia yn Rwsiaid a Phwyliaid. Ond taeogion, pobl y tir, oedd crynswth y Latfiaid Latfiaidd eu hiaith yng nghanol y ganrif ddiwethaf. Y pryd hwnnw roedd cyfartaledd y rhai a siaradai Latfieg yn llai na chyfartaledd y Cymry Cymraeg.

Yng nghyfnod Brad y Llyfrau Gleision roedd safle Cymru'r genedl a'r iaith Gymraeg yn anhraethol gryfach na safle'r genedl a'r iaith Latfiaidd; cenedl aruthrol ei phosibiliadau oedd Cymru'r pryd hwnnw. Taeogion anllythrennog oedd trwch poblogaeth Latfia pan oedd diwylliant deallusol gwerin Cymru'n gwbl unigryw, heb ei debyg yn unman. "Byddai'n anodd dangos unrhyw wlad arall yn y byd," meddai Carnhuanawc yn Eisteddfod Trallwm ym 1824, "lle y mae gan y werin y fath ddiddordeb mewn llenyddiaeth a phethau deallusol ag sydd gan bobl Cymru." Mewn man arall dywedodd: "Show me another language in the world in which such a body of knowledge is found in the hands of the common people." Ymhlith y Cymry Cymraeg y ceid y diwylliant deallusol gwerinol hwn, ond nid o gwbl ymhlith y di-Gymraeg. Fe'i ceid ymhob rhan o'r wlad, yn y Gymru wledig a'r Gymru ddiwydiannol. Onid o'r Wyddgrug ddiwydiannol yn ymyl ffin Lloegr y cododd Daniel Owen, mab i golier a foddwyd gyda dau fab arall iddo mewn pwll glo? Ac onid yn Sirhywi cwbl Gymraeg yng Ngwent ddiwydiannol y maged Islwyn? Ac onid Aneurin Fardd, y radical selog a gyhoeddai'r *Bedyddiwr* ym Mhontllanffraith, oedd athro barddol Islwyn? Ar ei ôl ef yr enwodd tad Aneurin Bevan, yntau'n fardd gwlad, ei fab. Aneurin Fardd a roes y gadair i Geiriog am ei gerdd *Alun Mabon* yn Eisteddfod Aberdâr.

O sôn am Aberdâr, meddyliwch am y bywyd diwylliannol a ferwai yng nghymoedd glo Morgannwg a Gwent, am yr holl bapurau Cymraeg a gyhoeddwyd yno a'u colofnau barddol rhyfeddol. Tynnodd Dr.Huw Walters sylw at gynnwys *Y Gwladgarwr,* a gyhoeddwyd yn Aberdâr, a'i golofn farddol rhwng 1859 ac 1885. Caledfryn, beirniad gorau'r ganrif ddiwethaf, a'i golygodd am ran fawr o'r amser; dilynwyd ef gan Islwyn. Roedd y golofn "mor boblogaidd fel y gorfu ar y golygydd gyfyngu ar nifer y cyfansoddiadau a gyhoeddid ynddi. Erbyn Ionawr 1868 yr oedd rhif y beirdd wedi cynyddu gymaint nes i'r golygydd benderfynu gosod treth o ddau stamp ceiniog ar bob cyfansoddiad." Rhwng 1858 ac 1882 cyhoeddodd *Y Gwladgarwr* 46 o nofelau. Felly, ar wahân i gannoedd o feirdd, cyfrannai degau o nofelwyr i'r papur, a gweithwyr diwydiannol oedd llawer ohonynt. Er enghraifft, colier o ardal Merthyr Tudful oedd Isaac Craigfryn Hughes, awdur *Y Ferch o Gefn Ydfa* (1881) a sawl nofel arall. Trwy gydol y cenedlaethau hyn tyrrai pobl i wrando ar bregethwyr nerthol a galluog. Byddai deugain capel Merthyr Tudful yn orlawn o weithwyr diwydiannol a'u teuluoedd. Oedai llongau dros y Sul ym mhorthladd Mostyn er mwyn i'r morwyr gael clywed Gwilym Hiraethog yn pregethu. Fel darlithiwr gallai Hiraethog ddal cynulleidfa yng nghledr ei law am deirawr yn gwrando arno'n traethu ar ddaeareg neu seryddiaeth, ar Luther neu Garibaldi. Bu diwylliant gwerinol deallusol Cymru'r ganrif ddiwethaf yn rhyfeddod mawr a addawai ddyfodol disglair i'r genedl.

Ond yng nghanol y disgleirdeb hwn gwenwynwyd corff y genedl gan Frad y Llyfrau Gleision a brad y deallusion. Crabiwyd ei bywyd. Ni thyfodd gydag urddas naturiol byth wedyn, a'r hyn a welwn heddiw yn lle gwlad yn rhoi arweiniad llawen yw adfail cenedlaethol mewn caethiwed gwleidyddol heb ymdrech wrol gan ei phobl i ennill safle cenedlaethol cyflawn. Yn ystod y degawdau a ddilynodd Frad y Llyfrau Gleision penderfynodd deallusion Cymru nad oedd dyfodol i'r iaith a'r genedl Gymreig yn debygol nac yn ddymunol. Gwasanaethu Lloegr oedd ei lle a throi yn Seisnig oedd ei thynged. Darogan ei diwedd a wnâi'r deallusion yn hytrach na brwydro dros ei bywyd; hybu ei thranc yn lle hyrwyddo ei thraddodiad.

Yn ystod yr union flynyddoedd hyn yn Latfia, meithrin yr iaith—iaith ddilenyddiaeth y taeogion—a phorthi'r bywyd cenedlaethol a wnâi'r ychydig ddeallusion. Ym

1854 ffurfiwyd Cymdeithas Latfiaid Ifainc gan gwmni bach o fyfyrwyr Prifysgol Tartu. Y gymdeithas fach hon oedd egin y mudiad cenedlaethol a man cychwyn y dadeni. Fel y digwyddodd mor aml yn Ewrop yng nghanol y ganrif ddiwethaf, rhwng Iwerddon yn y gorllewin a'r gwledydd Slaf yn Nwyrain Ewrop, esgorodd ychydig o bobl ifainc deallus ar fudiad cenedlaethol pwerus. Yng Nghymru heddiw clywir beirniadu'r blaid genedlaethol am beidio â rhoi arweiniad i ieuenctid y wlad; ond mewn mudiadau radical a chwyldroadol, mewn politics a chrefydd, pobl ifainc sy'n arfer arwain y rhai hŷn.

Ym 1862 sefydlodd y Latfiaid Ifainc bapur newydd. Gwnaed hynny yn St.Petersburg am na chaent ei gyhoeddi yn Latfia ei hun. Am dair blynedd ei fodolaeth bu'n ddigyfaddawd yn ei alwad am hawliau cenedlaethol. Ymhlith yr arweinwyr ifainc yr oedd Juris Alunans, Krisjanis Barons ac Atis Kronwalds. Bardd oedd Alunans, sylfaenydd y delyneg Latfiaidd ac arloeswr llenyddiaeth Latfiaidd. Datblygodd honno'n gyflym; erbyn diwedd y ganrif cyrhaeddodd gryn aeddfedrwydd er mor ifanc oedd yr iaith lenyddol. Rhoes Barons ei oes i gasglu caneuon gwerin. Y rhain, a gyhoeddwyd ganddo mewn saith cyfrol, yw hen lenyddiaeth Latfia, yn yr un dosbarth â *Kalevala'r* Ffindir. Cyfraniad mawr Kronwalds fu sefydlu Cymdeithas Latfiaidd Riga a noddodd yr ŵyl ganu fawr ym 1873, y cynulliad cenedlaethol cyntaf a welwyd erioed yn Latfia. Gogyfer â hon y cyfansoddwyd yr anthem genedlaethol, ddwy flynedd ar bymtheg ar ôl i ddau o werin Cymru gyfansoddi 'Hen Wlad fy Nhadau'. Trwy'r gweith-gareddau hyn yn y ganrif ddiwethaf, mil o flynyddoedd ar ôl canu Llywarch Hen, y dechreuodd Latfia fyw fel cenedl. Chwaraeodd alawon gwerin a chanu corawl ran fawr yn natblygiad ei chenedlaetholdeb ac y mae lle canolog iddynt yn ei diwylliant o hyd. Nid oes mwy o fri ar unrhyw sefydliad na'r ŵyl ganu a ddwg ugeiniau o filoedd at ei gilydd.

Yn niwedd y ganrif ddiwethaf a dechrau hon datblygodd mudiad sosialaidd yn Latfia a roes ei liw ar y mudiad cenedlaethol. Ymhlith yr arweinwyr sosialaidd yr oedd llawer o Rwsiaid a ffurfiai, gyda Phwyliaid ac Almaenwyr, ran sylweddol o'r boblogaeth estron niferus. Latfia oedd rhan fwyaf chwyldroadol ymerodraeth Rwsia.

Difrodwyd y wlad yn ystod y Rhyfel Byd Cyntaf gan dair blynedd o ryfela ar ei thir. Dilynwyd hyn gan yr anarchiaeth a achoswyd gan Chwyldro cyntaf Rwsia ym 1917. Rhoddodd hyn gyfle i'r Almaenwyr feddiannu'r wlad. Wedi cwymp Yr Almaen dychwelodd lluoedd Sofietaidd, yn ogystal â byddin o anturiaethwyr Almaenaidd, i Latfia. Y Latfiaid eu hunain a yrrodd y Rwsiaid a'r Almaenwyr allan o'r wlad. Pan wnaethant gytundeb heddwch â'r Undeb Sofietaidd arhosodd llawer o Latfiaid yn Rwsia gan chwarae rhan o bwys yn ffurfiant y wladwriaeth gomiwnyddol newydd; cwmni o filwyr Latfiaidd a warchodai Lenin. Cawsant eu difodi bron yn llwyr, fodd bynnag, gan Stalin yn y tri-degau.

Rhwng 1920 a 1940 cafodd Latfia ei hunig gyfnod o ryddid. Sefydlwyd hi yn weriniaeth ddemocrataidd effeithiol a greodd amodau datblygiad ei bywyd diwydiannol a diwylliannol. Y diwygiad mwyaf pellgyrhaeddol oedd dosbarthu'r tir ymhlith y werin. Eithr amlhaodd pleidiau gwleidyddol (cynrychiolwyd pump ar hugain o bleidiau yn senedd 1928) a dyfnhaodd yr agendor rhwng de a chwith o dan ddylanwad Yr Almaen a Rwsia. Bu'n rhaid i Ulmanis, y prif weinidog, sefydlu trefn awdurdodaidd ym 1934. Geilw comiwnyddion y drefn yn un ffasgaidd, ond prin fod hyn yn gywir; 'doedd yno ddim heddlu cudd; roedd y llysoedd yn gymharol annibynnol, a gallai Ulmanis ei hun symud o gwmpas yn rhydd ymhlith y bobl. Trwy eu hymroddiad i waith caled, arfer a oedd, fel y bu hefyd yn Y Ffindir ac Estonia, yn ganlyniad i'r ethig Protestannaidd, creodd y Latfiaid yng nghyfnod byr eu rhyddid wlad lewyrchus iawn.

Eithr, ar ôl y cytundeb rhwng Molotov a Ribbentrop ym Medi 1939, aeth catrodau Sofietaidd i'r wlad unwaith eto. Cawsant groeso gan ran gomiwnyddol y boblogaeth ond gwrthwynebiad gan y mwyafrif mawr. Naw mis yn ddiweddarach gorfodwyd llywodraeth y wlad i ildio ei lle i lywodraeth byped gomiwnyddol a wnaeth gais ffurfiol i Moscow am i Latfia gael ei chorffori yn Yr Undeb Sofietaidd. Yno y mae hi byth. Lladdwyd ac alltudiwyd miloedd yn ystod y flwyddyn ganlynol. Bernir bod tua 34,000 wedi diflannu neu gael eu dienyddio, gan gynnwys Ulmanis yr Arlywydd a'r prif arweinwyr oll. Wedyn meddiannwyd y wlad am bedair blynedd gan y Natsïaid. Bu colledion Latfia yn ystod y rhyfel ac ar ei ôl yn enbyd. Amcangyfrifir bod tua 300,000 wedi eu lladd, a bod ugeiniau o filoedd wedi ffoi i'r gwledydd gorllewinol pan ddychwelodd y comiwnyddion i Latfia, hyn mewn gwlad sy'n llai na Chymru o ran poblogaeth. Ysigodd y colledion hyn fywyd y genedl.

Y blynyddoedd yn union ar ôl y rhyfel oedd cyfnod gwaethaf y gormes Stalinaidd yn Latfia. O'r safbwynt cenedlaethol y mewnfudiad o'r Undeb Sofietaidd oedd y wedd beryclaf. O ganlyniad i hyn syrthiodd y rhan Latfiaidd o'r boblogaeth o 72% ym 1939 i 56.8% ym 1970. Syrthiodd erbyn heddiw i 52%. Er hyn y mae 70% o aelodau'r senedd yn Latfiaidd eu hiaith. Y trefi a deimlodd effaith waethaf y mewnfudo; nhw sy'n cynnwys fwyaf o estroniaid. O 750,000 poblogaeth Riga, y brifddinas, ym 1970 roedd 59% yn estroniaid. Gyda dyfod *glasnost* y mae llais y Latfiaid yn fwy hyglyw. Galwant yn arbennig am ddau beth, am atal y mewnlifiad ac am fynnu bod pawb o'r mewnfudwyr yn dysgu ac yn defnyddio'r iaith Latfieg. Y mae'r mewnfudiad yn fwy o fygythiad i'r genedl am fod y raddfa enedigaethau mor isel. Pryderir yn fawr am hyn. Dim ond gan ddeg y cant o'r teuluoedd y mae mwy na thri phlentyn. Y mae graddfa ysgariad yn uchel ac y mae priodasau cymysg yn gyffredin. Eithr er enbyted y drwg a wna'r mewnlifiad Rwsiaidd i Latfia y mae dinistr y dylifiad Seisnig i Gymru'n fwy. Erys poblogaeth Latfia wledig bron yn gyfan gwbl Latfiaidd; yr iaith genedlaethol yw iaith ei chymunedau.

Sicrhaodd cyfuniad o nerth cenedlaetholdeb a pholisi goleuedig y wladwriaeth fod y nifer siaradwyr Latfieg ar gynnydd bob blwyddyn a bod 76.8% o'r boblogaeth ym 1986 yn siarad yr iaith. Diau fod mwyafrif y rhain yn ddwyieithog. Y mae Latfieg yn bwnc gorfodol ymhob ysgol Rwsieg yn y wlad. Darlledir 70 awr yr wythnos o raglenni teledu yn yr iaith Latfiaidd.

Y mae'r Latfiaid, fel yr Estoniaid a'r Lithwaniaid cymdogol, yn hynod deyrngar i'w hiaith fel y nodwedd sy'n cynnal eu cenedligrwydd; hebddi ni fyddent yn genedl. Roedd 95% o'r Latfiaid a oedd yn byw yn Yr Undeb Sofietaidd ym 1970, a 98% o'r rhai oedd yn byw yn Latfia ei hun, yn ystyried Latfieg fel eu mamiaith. Rhoddant enwau Latfiaidd ar fwyafrif mawr eu plant. Er enghraifft, y mae Daina (cân) a Laima (llawenydd) yn enwau poblogaidd i ferched. Lleihau y mae nifer y Latfiaid sy'n siarad Rwsieg gartref. Darllenant lenyddiaeth Latfiaidd yn helaeth er bod cymaint o lenyddiaeth Rwsiaidd ar gael, a darllenant lawer mwy ohoni nag a wna'r Rwsiaid o'u llenyddiaeth hwy. Cyhoeddir 76 papur newydd yn Latfia, 49 mewn Latfieg a 27 mewn Rwsieg. Y mae dwywaith cynifer o Latfiaid, ar gyfartaledd, yn darllen eu papurau ag sydd o Rwsiaid. Pan drowch at y cylchgronau y mae'r sefyllfa yn rhyfeddach byth. Cyhoeddir 27 cylchgrawn, deunaw ohonynt mewn Latfieg. Gwerthwyd cyfanswm o 1,043,000 y rhifyn ym 1970. O'r rhain roedd 93% yn Latfiaidd a saith y cant yn unig yn Rwsiaidd. Gwerthai'r cylchgrawn merched 169,700 copi.

Ym maes llyfrau dim ond Estonia sy'n cyhoeddi mwy na Latfia o deitlau'r pen ac argraffiadau mwy niferus y pen. Y mae argraffiad o 30,000 yn gyffredin. Mae cyfanswm y llyfrau Latfiaidd a gyhoeddir tua phedair gwaith cymaint â'r llyfrau Rwsiaidd. Ym 1970 cyhoeddwyd 1,169 o deitlau Latfiaidd a gwerthwyd cyfanswm o 12,625,000 o gopïau. Disgynnodd y cyfanswm a werthwyd ym 1986 i 11,300,000. Ychydig dros ddwy filiwn a hanner yw poblogaeth y wlad, 1.3 miliwn ohonynt yn Latfiaid. Pryn y rheiny wyth neu naw llyfr y flwyddyn bob un, ar gyfartaledd. Gwneir hyn mewn iaith a oedd heb odid ddim llenyddiaeth yng nghanol y ganrif ddiwethaf. O na bai'r Cymry'n prynu llyfrau ar y raddfa hon. Cawsom y pleser ym Mawrth 1988 o groesawu i'n cartref bedwar o arweinwyr mudiad heddwch Latfia, cenedlaetholwyr bob un. Gofynnais a oedd yn wir fod eu pobl yn prynu cymaint â hyn o lyfrau. Dywedasant ei fod yn berffaith wir. Synnent nad oedd llyfrgell yn nodwedd o gartrefi gwledydd y gorllewin. Ond pan ddangosais iddynt lyfrau ar hanes Cymru sy'n costio £40 yr un, dywedasant mai dwy neu dair punt yw cost llyfrau tebyg yn Latfia. Mae sybsidi'r llywodraeth mor hael â hynny.

Cred y Cymry fod eu hiaith a'u llenyddiaeth yn cael cefnogaeth anarferol o hael gan y Llywodraeth Brydeinig. Mae hynny'n wir os mai â Ffrainc, sy'n euog o hil-laddiad diwylliannol yn Llydaw, y gwneir y gymhariaeth. Ond y mae ymhell o fod yn wir os cymherir y sefyllfa Gymreig â Latfia, Lithwania neu Estonia. Bu agwedd y drefn Sofietaidd tuag at iaith a diwylliant cenhedloedd Ymerodraeth Rwsia yn llawer mwy goleuedig nag y bu agwedd llywodraeth Loegr, ac wedyn Prydain Fawr, tuag at fywyd cenedlaethol y cenhedloedd bach a reolai hi. Ni cheisiwyd lladd ieithoedd bach Ymerodraeth Rwsia er mwyn creu un genedl Rwsiaidd fel y ceisiwyd lladd y Gymraeg er mwyn cymathu Cymru â Lloegr a chreu un genedl Seisnig/Brydeinig. Gan fod y wladwriaeth Seisnig/Brydeinig wedi gwneud cymaint i niweidio iaith a diwylliant Cymru trwy'r canrifoedd y mae ei dyletswydd i gynnal yr iaith Gymraeg heddiw yn llawer mwy na'r ddyletswydd Sofietaidd tuag at yr iaith Latfiaidd. Dylai wneud iawn am gamweithredu'r gorffennol gyda pholisi cryf a phenderfynol i adfer yr iaith. Ond nid yw'n fodlon wynebu hyn. Mae'n anfodlon hyd yn oed i gyflwyno'r math o ddeddf iaith, ac i sefydlu'r math o gorff datblygu addysg, y mae cymaint o'u hangen, heb sôn am greu'r math o economi a geidw'r ieuenctid mewn gwaith yn y bröydd Cymraeg.

Mae sefyllfa ei hiaith mewn addysg ysgol a choleg yn Latfia yn bur iachus o'i chymharu â Chymru, ac yn ddigon tebyg i un Estonia. Ym 1985-86 roedd 44,000 myfyriwr mewn colegau, yn y Brifysgol, y politechnig a'r colegau meddygol, amaethyddiaeth, cerddoriaeth, celfyddyd ac ati. (Cofier bod ei phoblogaeth yn llai na Chymru.) Dwyieithog yw'r colegau hyn, er bod llawer o gyrsiau'r Brifysgol yn cael eu cyflwyno drwy gyfrwng Latfieg yn unig.

Riga, y brifddinas, yw prif ganolfan ddiwylliannol y wlad. Yn y ddinas hardd hon, sydd deirgwaith poblogaeth Caerdydd, teimlir bod Latfia'n rhan gynhenid o wareiddiad Ewrop. Ynddi hi y mae senedd a llywodraeth Latfia. Yno y mae Tŷ Opera a Bale Cenedlaethol ynghyd â saith theatr. Y mae yno Academi Gwyddorau sy'n cynnwys un ar bymtheg o sefydliadau ymchwil, llyfrgell enfawr gyda thair miliwn a hanner o gyfrolau, amgueddfa i'r celfyddydau ac Amgueddfa Hanes Latfia (onid yw'n hen bryd i Gymru gael sefydliad lle y cyflwynir mewn dull gweledol holl rediad hanes y genedl ac onid ym mhlas Dinefwr y mae'r lle delfrydol i'w leoli?).

Goroesodd hunaniaeth genedlaethol Latfia bob gormes Almaenaidd a Rwsiaidd yn y gorffennol, ac oddi ar y rhyfel llwyddodd cenedlaetholdeb nerthol y wlad i'w chynnal yn wyneb pob gorthrwm Sofietaidd. Penodiad Rwsiaid i lu o swyddi yn Latfia, ynghyd â mewnlifiad cannoedd o filoedd o Rwsiaid, a wnaeth fwyaf i ennyn dicter y Latfiaid. Bu gwrthwynebiad cadarn i siofinistiaeth Rwsia Fawr sy'n cyfateb i genedlaetholdeb Prydeinig yng Nghymru. Nid yn annisgwyl fe ymosododd Plaid Gomiwnyddol Latfia yn drwm ar genedlaetholdeb Latfiaidd fel y mae Llafuryddion a Thorïaid Cymru yn ymosod ar genedlaetholdeb Cymreig. Mynn y Blaid Gomiwnyddol fod cenedlaetholdeb Latfia, Estonia a chenhedloedd eraill yn bygwth undod Yr Undeb Sofietaidd.

Fel yn y ddwy weriniaeth Baltig arall, cafodd cenedlaetholdeb yn Latfia fynegiant mwy herfeiddiol o dan *glasnost*. Amlhaodd protestiaidau cyhoeddus mawr yn erbyn Rwsianeiddio ac o blaid rhyddid helaethach. Galwodd y llenorion a deallusion eraill am sedd i Latfia yn y Cenhedloedd Unedig, ac am ddychwelyd at syniad Lenin o gael ffederasiwn o weriniaethau sofran. Ffurfiwyd mudiad cenedlaethol torfol a elwir yn Ffrynt y Bobl i wneud defnydd llawn o *perestroika*. Galwyd am rwystro'r mewnlifiad sy'n fwy o berygl yn Latfia nag mewn unrhyw weriniaeth. Cwynir yn chwerw mai ychydig o'r mewnfudwyr sy'n dysgu Latfieg a'u bod yn fynych yn cael tai o flaen y Latfiaid. Ond cymerwyd cam pwysig ymlaen yn haf 1988 pan gyhoeddwyd y caiff Latfieg ei gwneud yn iaith swyddogol; yn Rwsieg y gwneir pob busnes swyddogol hyd yn hyn. Yn ystod yr un haf trowyd y gymanfa ganu flynyddol enfawr yn rali genedlaethol gydag arweinwyr gwleidyddol a diwylliannol yn annerch rhwng y canu. Ym mis Hydref cynhaliodd Ffrynt y Bobl gynhadledd ddeuddydd a darlledwyd y cyfan ohoni ar y sgrîn deledu. Galwyd am ffederaliaeth sosialaidd a roddai i bob gweriniaeth yn Yr Undeb Sofietaidd hunanlywodraeth ymhob maes ac eithrio amddiffyn a pholisi tramor. Y mae'r galw am Latfia rydd yn y Gymuned Ewropeaidd ar gynnydd. Er bod nerth cenedlaetholdeb imperialaidd Rwsia yn anferth y mae'n bosibl y gall cenedlaetholdeb Latfia brofi'n drech nag ef.

Estonia

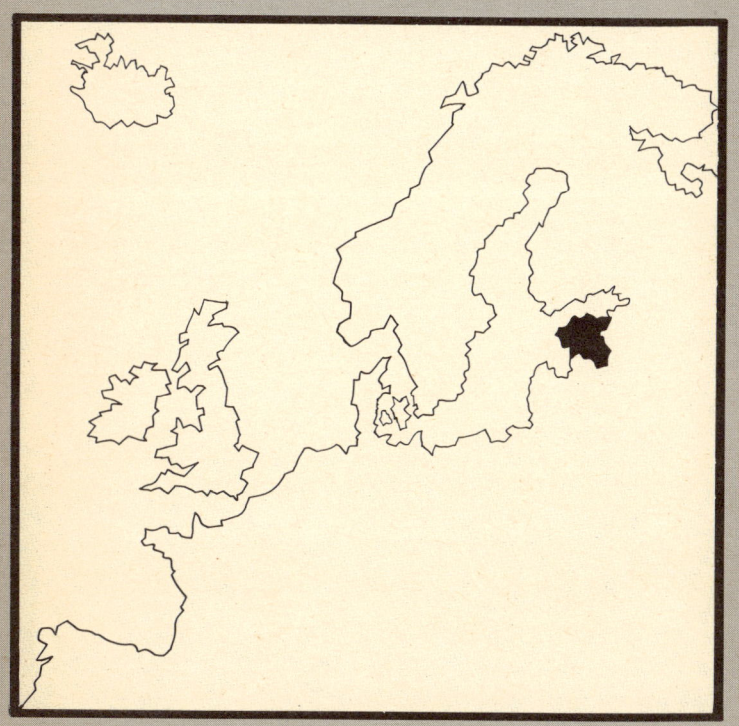

Golygfa yn nhref Tallinn, Estonia

Yn sydyn, tua diwedd y Rhyfel Byd Cyntaf, gwelwyd enwau Estonia, Latfia a Lithwania ar fap y byd. Tua dechrau'r Ail Ryfel Byd, ar ôl ugain mlynedd o ryddid cenedlaethol, diflanasant eto. Dychwelasant i grombil Rwsia, ac yn Yr Undeb Sofietaidd y maent byth. Ond dangosodd eu record yn ystod eu hugain mlynedd o ryddid beth all cenhedloedd bach tlawd ond talentog ei wneud pan gânt gyfle i fyw eu bywyd eu hunain. Fel Y Ffindir, Sweden a Denmarc, y mae'r tair cenedl hyn ar lannau'r Môr Baltig. Dywed Hampden Jackson, yr awdurdod gorau arnynt:

> for two decades the Baltic had stood out as the most peaceful and the most progressive quarter of Europe. On its shores the most idealistic and successful social experiments of our generation had been made.

Estonia yw'r lleiaf o'r cenhedloedd bach hyn a'i phoblogaeth yn llai na hanner poblogaeth Cymru, 900,000 yn unig ohonynt yn Estoniaid Estoneg eu hiaith. Cafodd ei gorchfygu a'i meddiannu gan gymdogion pwerus trwy gydol ei hanes (fel y Ffiniaid sydd o'r un dras) hyd at 1918. Pan gafodd ei hailfeddiannu gan Rwsia yn 1940 alltudiwyd ugeiniau o filoedd o'i phobl i Siberia a rhannau eraill o'r Undeb Sofietaidd; ffodd miloedd lawer yn alltudion i wledydd y gorllewin; symudodd cannoedd o filoedd o Rwsiaid i fyw yn Estonia. Serch hynny, er na fu ganddi ddim llenyddiaeth yn ei hiaith hyd ganol y ganrif ddiwethaf, bydd o ddiddordeb i Gyngor Llyfrau ardderchog Cymru glywed y caiff tua 1,500 o deitlau llyfrau Estoneg eu cyhoeddi bob blwyddyn, a bod tua deng miliwn o'r llyfrau hynny yn cael eu gwerthu. Cymeriad y bobl a'u teyrngarwch i'w cenedl a wnaeth hyn yn bosibl. Ddechrau'r ganrif hon roedd mwy o siaradwyr Cymraeg nag o siaradwyr Estoneg. Eithr er gwaethaf yr erlid creulon a brofodd yr Estoniaid y mae mwy yn siarad Estoneg heddiw nag oedd ym 1900 tra syrthiodd rhif y siaradwyr Cymraeg i'r hanner.

Ni wyddys fawr ddim am wlad yr Estoniaid cyn i'r Northmyn ymosod arni yng nghyfnod Rhodri Mawr. Deilliodd lles o'u presenoldeb hwy gan iddynt sefydlu trefi masnachol, fel y gwnaethant yn Iwerddon. Eithr symbylwyd Slafiaid Rwsia i wrthymosod, y cyntaf o lawer goresgyniad gan y Rwsiaid. Nhw a gododd gaer yn Tartu lle y sefydlwyd prifysgol yn yr ail ganrif ar bymtheg. Slafiaid Rwsia hefyd o orfododd Gristnogaeth ar yr Estoniaid, yng nghyfnod Gruffydd ap Llywelyn, bum canrif ar ôl dyddiau Dewi Sant. Ddwy ganrif yn ddiweddarach syrthiodd gogledd y wlad i ddwylo Denmarc a choncrwyd y de gan Urdd o farchogion Almaenaidd. Yn wahanol i'r Normaniaid yn Lloegr ni cheisiodd yr Almaenwyr sefydlu llywodraeth ganolog, ac ymgadwent yn llwyr oddi wrth y werin Estonaidd. Eu disgynyddion nhw, na ddangosai ddim diddordeb yn iaith a bywyd y brodorion Estonaidd, oedd yr aristocratiaid a reolai'r wlad am ganrifoedd i ddod.

Gwnaeth yr Almaenwyr, y barwniaid Baltig fel y cawsant eu galw wedyn, les i economi'r wlad. Nhw a wnaeth borthladd Tallinn yn brifddinas; adeg y Diwygiad Protestannaidd nhw a droes y wlad yn Lwtheraidd. Almaeneg, wrth gwrs, oedd iaith eu masnach a'u crefydd, ond fe heriwyd eu rheolaeth gan y Swediaid a'r Rwsiaid. Am dair cenhedlaeth bu Estonia yn faes brwydro gwaedlyd rhwng goresgynwyr o Sweden a Rwsia. Sweden a orfu, ac er i'r aristocratiaeth Almaenaidd barhau, hi a lywodraethai'r wlad. Gwnaeth llywodraeth freniniaethol gref Sweden les i'r werin wrth docio rhaib y tirfeddianwyr barwnig. Y

Swediaid hefyd a sefydlodd y Brifysgol yn Tartu, ar adeg pan oedd y Piwritaniaid, o dan lywodraeth Cromwell, yn ystyried gwneud yr un peth yng Nghymru.

Yn ystod y ddwy ganrif nesaf, fodd bynnag, bu profiad yr Estoniaid mewn ail gyfnod hir o ryfela rhwng Sweden a Rwsia yn fwy erchyll na dim a ddioddefwyd ar gyfandir Ewrop yn ystod y Rhyfel Deng Mlynedd ar Hugain. Dinistriodd y Rwsiaid holl drefi'r wlad oddieithr Tallinn a llofruddiwyd eu trigolion neu fe'u hanfonwyd i alltudiaeth yng nghanolbarth Rwsia. Anrheithiwyd y wlad yn llwyr er mwyn sicrhau na fedrai fod yn fan i'r Swediaid ddechrau rhyfel. Gorfodwyd y bobl i fyw mewn hofelau truenus neu dyllau yn y ddaear. Gorchmynnodd tywysog a arweiniai'r Rwsiaid fod yn rhaid torri eu trwynau a'u clustiau bant pan gaent eu dal. Pan ddaeth y rhyfela i ben roedd Estonia yn anialwch. O'r bron i ddeugain mil o ffermydd bach a fodolai ar ddechrau'r ymladd tua saith cant a safai ar ei ddiwedd. Dywedwyd mai cyrff y bobl oedd yr unig wrtaith a welodd y tir am ddeng mlynedd. Roedd y werin a oroesodd y lladd a'r dinistr yn newynog ac yn ddolurus gan glefydau, ac yn gaethach nag erioed o dan draed y barwniaid Almaenaidd, heb ddim hawliau o gwbl. Er i Estonia gael ei hymgorffori yn Rwsia yn y diwedd, y barwniaid yn unig a elwodd. Am ganrif a hanner trafodwyd y werin ganddynt yn waeth na chŵn. Taeogion caeth di-fraint oedd trwch mawr pobl Estonia, yn anwybodus o ieithoedd eu meistri Rwsiaidd ac Almaenaidd ac yn anllythrennog yn eu hiaith ddi-lên eu hunain. Ni fu'r Cymry erioed mewn cyflwr tebyg i'r Estoniaid; ni welsant y fath fathru annynnol.

Tallinn oedd yr unig dref a adawyd, a syrthiodd ei phoblogaeth hithau o ddeg i dair mil. Serch hynny, parhaodd yn ganolfan gymdeithasol i'r bonedd Almaenaidd gyda'i theatr a'i dawnsfeydd. Yr unig aelodau o'r dosbarth canol a ddeuai i gysylltiad agos â'r barwniaid oedd y clerigwyr Lwtheraidd. Pur wasaidd oedd y rhain, fel mwyafrif clerigwyr Cymru'r pryd hwnnw. Ni fu gan un esgob yng Nghymru am 150 o flynyddoedd air o Gymraeg. O leiaf gallai mwyafrif yr offeiriaid Lwtheraidd bregethu, a maes o law dysgasant beth o iaith y werin Estonaidd. Caeodd y Rwsiaid brifysgol Tartu am gyfnod ond wedi iddi ailagor dechreuodd cyfnod o fri yn ei hanes. Doedd dim byd Estonaidd yn ei chymeriad wrth gwrs; Almaenwyr Baltaidd oedd mwyafrif mawr ei myfyrwyr, er bod rhai'n cael eu denu iddi o Rwsia am fod safon ei dysgu mor uchel. Cynhyrchodd hi aelodau diwylliedig o'r dosbarth canol proffesiynol, gan gynnwys meddygon a llawfeddygon, a chwaraeodd ran o bwys ym mywyd Estonia a'r taleithiau Baltig eraill er na wnaethant ddim oll dros y werin Estonaidd a ffurfiai naw deg y cant a mwy o'r boblogaeth. Gwerth pennaf y werin i'r llywodraeth Rwsiaidd oedd fel ebran rhyfel. Cydiwyd ynddynt wrth y miloedd a'u gorfodi i dreulio cyfnod o bedair blynedd ar hugain yn y fyddin. Pan ddeuent adref, pe deuent o gwbl, byddent yn ddieithriaid yn eu hardaloedd brodorol, wedi anghofio'u hiaith, a'u hiechyd yn wantan. Bu'n rhaid aros hyd chwe degau'r ganrif ddiwethaf am welliant yn sefyllfa'r taeog. Pan gafodd taeogion Rwsia eu rhyddhau ymestynnwyd y rhyddid i'r Estoniaid. Bu hyn yn fuddiol iawn i gyfran o denantiaid a lafuriodd yn galed i wella'u daliadau, ond bu'n rhaid i gannoedd o filoedd o'r werin grwydro'r wlad i chwilio am waith. Ymadawodd cannoedd o filoedd o bobl Estonia yn yr wyth degau a'r naw degau. I ddeheudir Rwsia yr aeth y mwyafrif. Cymharer hyn â'r hanner miliwn o Gymry ifainc a aeth i Loegr i gael gwaith yn nau ddegau a thri degau'r ganrif hon o dan y polisi a elwid yn *transference of labour*— ymfudiad a alwyd yn "one of the greatest migrations in history".

Eithr fe fu mudo mewnol hefyd yn Estonia. Symudodd miloedd o'r werin Estonaidd i drefi Almaeneg eu hiaith fel Tallinn a Tartu lle sefydlodd y plant a'r ŵyrion deuluoedd dosbarth canol Estoneg eu hiaith. Erbyn diwedd y ganrif datblygodd dosbarth canol Estonaidd sylweddol a blagurodd ymwybyddiaeth genedlaethol Estonaidd yn eu plith. Daeth y sylweddoliad am fodolaeth yr iaith Estonaidd yn nechrau ail hanner y ganrif fel darganfyddiad newydd syfrdanol ac, fel yn Y Ffindir, cynhyrfwyd diddordeb cyffrous ynddi gyntaf gan gasgliad o ganeuon a chwedlau gwerin a gyhoeddwyd ar ffurf epig. Cyfatebai *Kalevipoeg* i'r *Kalevala* Ffinaidd; perthyna'r Estoneg yn agos i'r Ffinneg. Cyhoeddwyd rhai degau o lyfrau a phamffledi Estoneg hefyd, crefyddol yn bennaf, ym mhum degau a chwe degau'r ganrif. Fel hyn y dechreuodd llenyddiaeth Estonia ar ei hynt, bron i 1,300 o flynyddoedd ar ôl canu Taliesin. Cyhoeddwyd 1,300 o lyfrau Cymraeg yn y ddeunawfed ganrif ond dim un mewn Estoneg; yng nghanol y ganrif ganlynol y cyhoeddwyd y llyfr Estoneg cyntaf.

Athrawon oedd prif arweinwyr y mudiad cenedlaethol. Y llenor mwyaf llwyddiannus oedd J.W.Jannsen, ysgolfeistr ar ysgol gynradd mewn pentref. Pethau syml ar gyfer y garfan fach o werin lythrennog a sgrifennai ef. Ond sefydlodd bapur dyddiol hefyd a ddaeth yn gyfrwng, maes o law, i ddiwygwyr y mudiad cenedlaethol a dyfodd yn y blynyddoedd canlynol. Dyn anghyffredin iawn oedd Jannsen. Sefydlodd gymdeithas gerddorol a gafodd effaith ddofn ar fywyd y wlad, dyfnach hyd yn oed na'i lyfrau a'i bapur dyddiol. Mae'r Estoniaid, fel y Cymry, yn hoffi canu. Trefnwyd gŵyl gerddorol ym 1869 yn Tartu; yn cymryd rhan ynddi yr oedd 44 côr meibion a phum seindorf bres, y cynulliad mwyaf o Estoniaid a gyfarfu erioed. Cynyddodd y cynulliad cenedlaethol hwn eu hymwybyddiaeth o genedligrwydd. Mor ddiweddar â hyn y dechreuodd yr Estoniaid sylweddoli eu bod yn genedl, a chynulliad cerddorol tebyg i eisteddfod a wnaeth fwyaf i feithrin yr ymwybyddiaeth hwnnw. Maes o law, sefydlwyd yn Tallinn gymdeithas gerddorol a alwyd yn *Estonia*. Ei gwaith hi oedd ffurfio corau a seindyrf ym mhob plwyf. Daeth yr Eisteddfod (roedd y gair yn gyfarwydd yno) yn brif ddigwyddiad cenedlaethol fel yr oedd yng Nghymru.

Ganed y genedl Estonaidd mewn môr o gân, a'r Eisteddfod oedd ei chrud. Yn rhyfeddol o gyflym datblygodd teyrngarwch i'r genedl fach hon y buasai ei bywyd, mor wahanol i Gymru, yn gwbl druenus a di-fraint. Aeth y mudiad cenedlaethol Estonaidd newydd o nerth i nerth, gan ddwyn urddas a phwrpas i fywyd y wlad. Ond yn ystod yr union flynyddoedd hyn pan roddai eisteddfod Estonia hwb nerthol i'w hiaith ddi-lên a'i chenedligrwydd newydd-anedig, roedd Eisteddfod Genedlaethol Cymru yn gosod ei hwyneb yn erbyn iaith Taliesin ac Aneirin ac yn erbyn y syniad o ddyfodol cenedlaethol i Gymru.

Yr oedd mwyafrif pobl Estonia newydd beidio â bod yn daeogion pan hybai ei heisteddfod iaith a chenedligrwydd y wlad gyda balchder llawen. Yng Nghymru, cartref yr Eisteddfod, Saesneg, nid iaith Cyfraith Hywel a Dafydd ap Gwilym, oedd ei hiaith swyddogol hi yn y cyfnod hwn. Nid oedd neb o'r Cymry'n daeogion, yn gaeth wrth y tir ac yn gwbl ddi-fraint, ond taeogion ysbrydol, serch hynny, oedd arweinwyr y sefydliad eisteddfodol, yn fwy taeog o lawer na'r Estoniaid darostyngedig. Tra bo'r Estoniaid yn atgyfodi'u hiaith ddilenyddiaeth i fywyd llawn ac urddasol, roedd arweinwyr y Cymry eisteddfodol yn hyrwyddo tranc eu heniaith hwy yn ysbryd datganiad y Parchedig Latimer Jones, Cadeirydd Pwyllgor Eisteddfod Genedlaethol Caerfyrddin ym 1861, a ddyfynnir gan Hywel Teifi Edwards yn *Gŵyl Gwalia:*

> Welsh die! yes die, as the spoken language of a separate people... Die! slowly, grandly, peacefully, and pass away in a cloud of blessings... And despised by foes in her life, she shall have no foes in her death. Love shall close her eyes, and garlands be strewn upon her tomb.

Yn y flwyddyn cyn Deddf Addysg 1870 (a orfododd addysg Saesneg ar ysgolion trwy Gymru gyda chyd-weithrediad y Cymry) sefydlwyd yr ysgol Estonaidd gyntaf. Codwyd ysgolion cynradd trwy'r wlad yn gyflym. Clerigwyr Almaenaidd a'u rheolai, ond Estoneg oedd eu

hiaith. Rheolai clerigwyr Eglwys Loegr lu o ysgolion
Cymru y pryd hwn, ond Saesneg, heb air o'r iaith frodorol,
oedd cyfrwng eu haddysg hwy. Eithr nid oedd Jannsen a'i
gyd-ddiwygwyr yn fodlon ar ysgolion cynradd Estoneg yn
unig. Gwelent fod angen ysgol uwchradd Estoneg ei hiaith.
Ond sut allai gwerinwyr tlawd ddod o hyd i ddigon o arian i
greu sefydliad mor gostus? Aethpwyd ati ym 1870 i gas-
glu'r arian, yr union gyfnod pan gesglid sylltau'r werin
Gymraeg i sefydlu Coleg Aberystwyth, y cyntaf o golegau
Prifysgol Genedlaethol Cymru. Sefydlwyd pwyllgor i godi
cyllid i sefydlu'r hyn a elwid yn Ysgol Alexandra, enw Tsar
Rwsia, y wlad yr oedd Estonia yn rhan ohoni. Datblygodd
y syniad i fod yn fwy nag ysgol, a bu'r broses o godi cyllid
yn fwy na dod o hyd i arian. Daeth yn rhan fywiol o'r
mudiad cenedlaethol. Fel hyn y dywed Hampden Jackson:

> The Alexander School was to be a seminary in which the hearts and
> minds of young Estonians *were to be developed to assume the leadership
> of their persecuted race.* The collection of money, which reached
> 72,000 roubles by 1885, was undertaken by 130 local commit-
> tees; *they ventilated the whole nationalist question,* and the opposition
> they met from the Balts fanned the flame into a blaze. (Fy ital-
> eiddio i).

Cafodd Cymru ei hysgolion uwchradd yn niwedd yr wyth
degau, a thri choleg prifysgol, ond yr oedd eu hagwedd hwy
a'u hyrwyddwyr at y genedl a'r iaith genedlaethol yn gwbl
wahanol i agwedd yr Estoniaid. Iaith y gorchfygwr oedd
iaith ysgolion Cymru; cadw'r genedl mewn safle israddol
oedd eu hethos. Nid oedd dim ymhellach o feddwl Syr
Hugh Owen ac arweinwyr y mudiad addysg na deffro
cenedlaetholdeb Cymreig. Yn sicr nid cynhyrchu arwein-
wyr i ryddhau eu cenedl oddi wrth gaethiwed wleidyddol
oedd amcan ysgolion uwchradd a cholegau Cymru, nid hyd
yn oed paratoi eu myfyrwyr i wasanaethu eu gwlad eu
hunain.

Rhan o ferw'r cyfnod cyffrous hwn yn Estonia oedd
safoni orgraff yr iaith a pharatoi testunlyfrau mewn Estoneg
i'r ysgolion. Yr oedd y llyfrau hyn yn rhydd o bob pro-

paganda ymerodrol Rwsiaidd. Fedrech chi ddim dychmygu ysgolion Estonia, er bod y wlad yn gymaint rhan o Rwsia ag oedd Cymru o Loegr, yn defnyddio llyfrau tebyg i *The Citizen Reader* a gâi le yn ysgolion Cymru ar yr un pryd. Amcan hwnnw oedd meithrin balchder yn Lloegr a'r Ymerodraeth Brydeinig. Fe'i dyfynnir gan R.Tudur Jones yn *The Desire of Nations:*

> Look at the map at the beginning of this book and think what is meant by all those red patches... They mean that in every part of the world there are countrymen of ours living and working; that in every continent and in every climate there are men and women who read the same English Bible that we read... (sef plant Ysgolion Sul Cymru). And all of you ought to remember that the great nation to which you belong, and of which I hope you are all proud, is bigger, far bigger, than the two little islands that make up the kingdom of Great Britain and Ireland, and that it extends everywhere where the English language is spoken by men who live under English law and under the English flag... we owe our good fortune chiefly to England being an island... the great lesson is to be found in Nelson's signal, "England expects every man will do his duty".

Gweithgareddau pwysig i drigolion Estonia oedd casglu a chyhoeddi alawon gwerin a sefydlu Cymdeithas Llenorion Estonaidd. Canolfan y Gymdeithas oedd yr hen brifysgol, adeilad a oedd yn dal i fod yn bencadlys Almaenwyr Baltig. Ond dechreuodd ychydig fyfyrwyr Estonaidd ei fynychu. Sefydlwyd Cymdeithas Myfyrwyr Estonaidd ganddynt ym 1870 a fu'n wrthglawdd yn erbyn Almaeneiddio'r deallusion ifainc. Ei baner hi a ddaeth yn faner y Weriniaeth Estonaidd.

Fel y datblygodd y mudiad cenedlaethol rhoddwyd mwy a mwy o sylw i bwnc y tir ac i faterion economaidd a gwleidyddol. Galwyd am gynghorau sir y câi Estoniaid yn ogystal ag Almaenwyr fod yn aelodau ohonynt, ac am ustusiaid heddwch a fedrai siarad Estoneg. Gwrthwynebwyd hyn yn gryf gan y Baltiaid Almaenig breiniol na ffurfiai ddim ond pymthegfed ran o'r boblogaeth. Eithr rhoddwyd ergyd i safle'r rhain gan Rwsia yn nechrau'r wyth degau pan

benderfynodd Tsar Alexander III ddilyn polisi o Rwsian-
eiddio'r wlad. Tra bod hyn yn golled lwyr i'r Baltiaid
Almaenig enillodd yr Estoniaid fanteision trwyddo. Fel
rhan o'r polisi gorfodwyd y boblogaeth i ethol cynghorau
tref yn y dull Rwsiaidd, sef gan yr holl dinasyddion; erbyn
hynny yr oedd yr Estoniaid mewn mwyafrif clir yn y trefi
bach, a hyd yn oed yn Tallinn roedd eu rhif yn sylweddol.
Disodlwyd tirfeddianwyr Baltaidd ar feinciau'r llysoedd
bach gan swyddogion Rwsiaidd. Gwnaed Rwsieg yn iaith
y cynghorau yn lle Almaeneg. Disodlodd Rwsieg yr
Estoneg yn yr ysgolion cynradd ar ôl y flwyddyn gyntaf, a
disodlodd yr Almaeneg fel iaith ysgolion uwchradd.
Caewyd y Brifysgol a'i hailagor fel academi Rwsiaidd.
Hefyd gwnaethpwyd ymdrech bur erlidgar i sefydlu'r
Eglwys Uniongred yn y wlad.

Y barnwniaid Baltig, a erlidiasai'r Estoniaid gyhyd, a
ddioddefodd fwyaf oherwydd y polisi o Rwsianeiddio. Ar
y dechrau cafodd ei led groesawu am y rheswm hwnnw gan
yr Estoniaid; ond ymhen rhai blynyddoedd newidiodd eu
hagwedd wrth weld yr athrawon a'u harweiniodd yn cael eu
diswyddo am wrthod siarad Rwsieg (faint o athrawon
Cymru a ddiswyddwyd am wrthod siarad Saesneg yn yr
ysgol tybed?) a'r cronfeydd a gasglwyd er mwyn sefydlu
Ysgol Alexander yn cael eu hatafaelu, a'r wasg yn cael ei sen-
sro. Bu dirywiad enbyd ac anorfod yn safon addysg yn yr
ysgolion am na fedrai'r plant ddeall yr athrawon newydd, a
chadwai rhieni eu plant draw o'r ysgol. Yng Nghymru
hefyd ni allai llu o blant ardaloedd uniaith Gymraeg ddeall y
Saeson o ysgolfeistri a benodwyd yno. Ond yr oedd
posibiliadau Cymru troad y ganrif yn fwy nag Estonia.
Roedd mwy o siaradwyr Cymraeg nag o siaradwyr
Estoneg, ac iaith gyfoethog a datblygedig oedd y Gymraeg
a fu am bron i fil o flynyddoedd yn yr Oesoedd Canol yn
iaith cyfraith a llywodraeth, ac yn iaith lenyddol am fwy o
lawer na hynny. Ni fu'r Estoniaid yn eu llywodraethu eu
hunain erioed, a datblygiad diweddar iawn oedd ei llen-

yddiaeth. Roedd Cymru'n anhraethol gyfoethocach mewn adnoddau naturiol, ac ni allai Estonia hawlio adnoddau dynol rhagorach na'r Cymry disglair o dalentog. Ond er lleied ei manteision, meibion a merched, ŵyrion ac ŵyresau taeogion caeth Estonia a wnaeth yr ymdrech urddasol a phenderfynol i greu dyfodol cenedlaethol i'w gwlad.

Adfywiodd y mudiad cenedlaethol o dan y gormes Rwsiaidd. Fe'i gwasanaethwyd yn lew gan dri phapur dyddiol Estoneg eu hiaith. Un o wendidau Cymru yw na fu ganddi erioed bapur dyddiol, Cymraeg na Saesneg, a borthai'r mudiad cenedlaethol. Dychmygwch am y *Western Mail,* y *Liverpool Daily Post* a'r *South Wales Echo* yn brwydro ddydd ar ôl dydd dros ryddid cenedlaethol a'r iaith Gymraeg! Golygydd papur newydd oedd arweinydd amlycaf cenedlaetholdeb Estonaidd. Jaan Tonisson yw un o ddynion mwyaf hanes y wlad. Yr hyn a'i hysbrydolai oedd ei weledigaeth o bosibiliadau'r werin. Roedd yn siŵr fod gan y bobl a gawsai eu herlid fel caethion trwy'r canrifoedd, ansawdd moesol a arweiniai, pe caent gyfle, at fywyd cenedlaethol llawn a wnâi gyfraniad i wareiddiad Ewrop. Dyfalbarhaodd ef, ac arweinwyr gwleidyddol eraill y genedl fach hon, i'w harwain trwy ei gwasanaethu ar hyd eu bywyd. Dyma wahaniaeth mawr eto rhwng Estonia a Chymru sy'n help i ddeall llwyddiant y naill a methiant y llall. Nid yn unig y mae mwyafrif mawr gwleidyddion Cymru wedi dilyn eu gyrfa yn Lloegr (gyrfaoedd disglair iawn weithiau) heb yr ymdrech leiaf i ryddhau eu cenedl eu hunain, ond rhoddodd yr ychydig 'Gymry da' hwythau ganwaith mwy o amser i wasanaethu'r drefn Brydeinig nag i frwydro dros Gymru. Ym mhob un o'r gwledydd a drafodir yn y llyfr hwn, arwain eu cenhedloedd bach eu hunain, nid gwasanaethu cenedl arall, a wnâi'r gwleidyddion mawr.

Datblygodd cenedlaetholdeb Estonia yn gyflym yn niwedd y ganrif, a phan ddaeth Chwyldro 1905 yn Rwsia trefnwyd streic gyffredinol er mwyn ceisio cael gwared ar filwyr Rwsiaidd o'r wlad. Methodd. Saethodd y milwyr at gyfarfod torfol o weithwyr a gadawyd 160 o ddynion yn gorwedd yn farw neu'n glwyfedig ar sgwâr y dref. Yna ceisiodd y Rwsiaid ddinistrio'r mudiad cenedlaethol trwy drais a dychryn. Saethwyd neu crogwyd 828 Estoniad; condemniwyd 700 i farwolaeth gan dribiwnlysoedd; anfonwyd dros 3,000 i alltudiaeth yn Siberia a mannau eraill. Ond y mae gormes greulon yn gallu cryfhau cymeriad cenedl a dwysáu ei phenderfyniad i ennill rhyddid. Dyna fu profiad Estonia. Y mae gorthrwm Lloegr yng Nghymru wedi bod yn llawer mwy llethol na dim a welodd Estonia o du Rwsia, ond ni ddefnyddiwyd trais corfforol; trais strwythurol fu dull Lloegr yng Nghymru, gormes fwyn fu ei gormes hi. Ni sylweddolai'r Cymry eu bod o dan orthrwm o gwbl gan ei radloned. Ond dinistriodd eu morâl yn dra effeithiol; tagodd eu hewyllys i fyw; mogodd yr ysfa am ryddid cenedlaethol.

Llwyddodd plaid Tonisson i gadw rhyw lun ar drefniadaeth yn ystod yr erledigaeth, ond trwy addysg a sianeli diwylliannol yn unig y gallai'r mudiad cenedlaethol weithredu'n agored. Adferwyd yr iaith Estoneg fel cyfrwng addysg dwy flynedd gyntaf yr ysgolion cynradd; sefydlwyd ysgol Estonaidd uwchradd i ferched; erbyn 1910 roedd yn Estonia nifer sylweddol o ysgolion meithrin ac ysgolion i oedolion a llyfrgelloedd. Erbyn 1911, mewn gwlad o ychydig dros filiwn o boblogaeth, gwerthwyd miliwn a thri chwarter o lyfrau Estoneg mewn blwyddyn, er mai llafurwyr heb dir oedd tri chwarter y bobl wledig. Datblygwyd diwylliant ehangach, yn arbennig mewn drama, gan yr hen gymdeithasau cerddorol, tra yr adfywiodd cymdeithas *Estonia* yr ŵyl gerddorol enfawr. Eithr nid oedd dim ond lleiafrif staff a myfyrwyr y Brifysgol eto'n Estoniaid; parhâi'r mwyafrif yn Rwsiaid ac Almaenwyr.

Mae'n rhyfedd pa mor adeiladol oedd y rhan a chwaraeodd y cymdeithasau dirwest yn y mudiad cenedlaethol, fel pe bai'r bobl am eu disgyblu eu hunain er mwyn ymroi'n effeithiol i'r ymdrech dros y genedl. Datblygodd y mudiad

cydweithredol y pryd hwn hefyd a chydweithiodd y
Baltiaid â'r Estoniaid ynddo. Bu adfywiad diwylliannol
ymhlith y Baltiaid hwythau; sefydlwyd ysgolion meithrin a
chynradd Almaenaidd ganddynt hwy hefyd. Parhaent i
ddal 90% o'r ystadau mawrion pan ddaeth y Rhyfel Byd
Cyntaf, ac er mwyn cryfhau eu gafael denasant ugain mil o
Almaenwyr i'r wlad o ganol Rwsia.

Ar ddechrau'r rhyfel galwodd Rwsia bymtheg o bob cant
o boblogaeth Estonia i'w lluoedd arfog; lladdwyd cyfar-
taledd uchel ohonynt. Collodd Rwsia bron i bedair miliwn o
ddynion yn ystod deng mis cyntaf y rhyfel, mwy nag a
gollodd yr Ymerodraeth Brydeinig drwy gydol y rhyfel. Y
rhyfel a wnaeth y Chwyldro Rwsiaidd cyntaf yn bosibl ym
Mawrth 1917, a'r chwyldro hwnnw a arweiniodd at
ymreolaeth Estonia. Bu arddangosiadau enfawr o blaid
hunanlywodraeth, hyd yn oed ar strydoedd Petrograd
(Leningrad wedyn). Penododd llywodraeth Rwsia gomisiyn-
ydd i Estonia a oedd yn wladgarwr Estonaidd. Yn hytrach
na gweithredu fel cynrychiolydd Rwsia yn Estonia yn null
Ysgrifenyddion Gwladol Cymru, sefydlodd ef weinydd-
iaeth gwbl Estonaidd a rhoi rhyddid weithredol iddi. Cyd-
nabyddwyd ffiniau naturiol y wlad am y tro cyntaf erioed, a
phenodwyd Cyngor Cenedlaethol i baratoi ystatud hunan-
lywodraeth. Roedd y gwaith rhag-baratoawl gogyfer â
sefydlu Estonia fel uned ymreolus mewn ffederasiwn
Rwsiaidd wedi cerdded ymhell pan gydiodd Lenin a'r
Bolsieficiaid mewn grym ym mis Tachwedd. Apeliodd y
Baltiaid ar Yr Almaen i ymyrryd a meddiannodd ei milwyr
Tallin yn Chwefror. Adferwyd awdurdod y Baltiaid
Almaenaidd dros dro er nad oeddent yn ddim ond canran
fechan iawn o'r boblogaeth. Yr Almaenwyr a erlidiai'r
cenedlaetholwyr yn awr, gan ladd rhai a gyrru eraill i
wersyll-garcharau. Ond daeth chwyldro'r Almaen â
chadoediad i derfynu'r rhyfel ac i achub y sefyllfa.

Eithr ni ddarfu am ofidiau Estonia. Fe'i goresgynnwyd
unwaith yn rhagor gan y Bolsieficiaid. Yn ystod 1918 caw-

sai ei goresgyn bedair gwaith, ddwywaith gan yr Almaenwyr a dwywaith gan y Rwsiaid. Ar ddiwedd y flwyddyn roedd tri chwarter y wlad ym meddiant Rwsia. Yn rhyfeddol iawn, gyda phenderfyniad haearnaidd i sefydlu eu gwladwriaeth annibynnol eu hunain a heb fawr ddim cefnogaeth dramor, gyrrodd yr Estoniaid y lluoedd Rwsiaidd allan o'u gwlad. Eithr aeth dwy flynedd heibio cyn eu bod yn gwbl rydd o fyddinoedd estron, canys defnyddiwyd Estonia gan fyddin o Rwsiaid Gwynion fel man cychwyn ei hymosod ofer ar Petrograd, a rhoes y Cynghreiriaid gefnogaeth i fyddin o Almaenwyr, a geisiodd feddiannu Latfia ac Estonia i ymosod ar Rwsia. Ar y Latfiaid y syrthiodd prif faich y frwydr waedlyd yn eu herbyn. Bu'n gwbl lwyddiannus. Erbyn diwedd 1919 roedd tir gwledydd bach Y Baltig yn rhydd o luoedd arfog estron.

RHYDDID CENEDLAETHOL

Arwyddwyd cytundeb heddwch rhwng Rwsia Sofiet ac Estonia yn Chwefror 1920, ac yn y flwyddyn ganlynol cafodd ei derbyn yn aelod o Gynghrair y Cenhedloedd. Ni fu bywyd erioed cystal i'r Estoniaid. Dair cenhedlaeth ynghynt taeogion oeddynt, yn rhwym wrth y tir, eu gwlad yn perthyn i Rwsia ond y bobl o dan sawdl y barwniaid Almaenaidd, a heb ganddynt gymaint ag iaith lenyddol. Mor fawr yw'r clod i'r miliwn tlodion cymdeithasol a diwylliannol am fwrw gormes heibio a chymryd eu lle yn urddasol yn y bywyd cydwladol fel cenedl rydd. Mor ddirmygus ddiurddas yr ymddengys hen genedl freintiedig y Cymry mewn cymhariaeth, yn llonydd lyfu cadwynau eu caethiwed yn lle gwrol gyrchu'r ffordd at ryddid cenedlaethol. Am fil o flynyddoedd bu llenyddiaeth Cymru'n un o lenyddiaethau mawr Ewrop. Am fil o flynyddoedd ymladdasant yn lew, weithiau'n arwrol, dros eu rhyddid. Trwy gydol y canrifoedd hynny llafurwyr llonydd a diddiwylliant oedd yr Estoniaid. Ond yn ystod y ganrif ddiwethaf, heb hanes a heb lenyddiaeth i'w cynnal, bwriasant eu gorffennol taeogaidd dros eu gwar. Lluniasant genedl. Taeogion fu'r Estoniaid a ddaeth yn bobl ryddion; pobl ryddion fu'r Cymry a ddaeth yn daeogion.

Ond wynebai'r Estoniaid dibrofiad y gorchwyl trwm o adeiladu'r genedl yn amgylchiadau dyrys y dyddiau wedi'r rhyfel. Roedd yn rhaid hyfforddi arweinwyr a chreu sefydliadau a fyddai'n sicrhau economi gref, cyfiawnder cymdeithasol ac iaith y gellid ei defnyddio i bob pwrpas. Nid oedd neb yn y wlad ym 1919 a gawsai'r profiad o fod yn weinidog mewn llywodraeth, yn was sifil uchel, yn esgob na chadfridog. Roedd yr iaith yn gwbl annigonol gogyfer â gwleidyddiaeth a gweinyddiaeth, diplomyddiaeth, cyfraith a masnach, bywyd academaidd a threfol. Dywed Keyserling, yr athronydd Baltaidd: "Iaith pobl gyntefig oedd yr iaith; roedd bron yn amddifad o eiriau haniaethol. . . Bathodd y gwladweinydd cyntaf un gair ar ôl y llall yn bersonol." Bu diwygio chwyrn ar yr iaith yn gwbl angenrheidiol. Teyrnged i benderfyniad yr Estoniaid i fynegi eu hunain yn eu hiaith eu hunain oedd nad arweiniodd y rhain i raniadau yn eu plith. Rhaid rhestru eu camp gyda gorchest Iddewon Israel yn adfer yr Hebraeg.

Y weithred wleidyddol fawr gyntaf oedd dwyn y tir oddi ar yr hen ormeswyr, y Baltiaid Almaenig, talu iawndal amdano a'i rannu ymhlith y gwerinwyr. Crewyd ugeiniau o filoedd o ddaliadau newydd. Bu tua 300,000 o bobl ar eu mantais, mewn gwlad yr oedd ei phoblogaeth o 1,107,000 dipyn yn llai na hanner poblogaeth Cymru. Yr angen mwyaf oll oedd adeiladu economi newydd. Bu'r hen economi'n gwbl ddibynnol ar y farchnad Rwsiaidd a oedd bellach yn gaeëdig i Estonia. Prin oedd adnoddau naturiol Estonia, yn wahanol iawn i Gymru a fu'n un o wledydd cyfoethocaf y byd o ran adnoddau naturiol. Coed a rhyw-faint o olew siâl oedd y cyfan bron a feddai Estonia, ac nid oedd afonydd yn y wlad a ddygai'r coed i lan y môr. Roedd y rhan fwyaf o'i thir o ansawdd sâl ac yn anaddas i dyfu ŷd, ond gyda hinsawdd gymharol fwyn manteisiodd ar ei hamaethyddiaeth. Ar stoc a llaeth y dibynnai, fel Cymru hithau. Ymdrechodd yn llwyddiannus, fel y gwnaeth y Daniaid, i wella ei stoc o wartheg a moch, ac mewn pum mlynedd dyblodd ei chynnyrch menyn a llaeth. Gydag egni ardderchog datblygodd gydweithrediad o ran prynu a gwerthu—mewn banciau, hufenfeydd a ffatrïoedd. Gwariodd ugain y cant o'i chyllideb ar addysg—rhyfeddod ynddo'i hun—gan greu llawer o golegau galwedigaethol a sefydliadau arbenigol.

Fel y cynyddai ei hincwm cenedlaethol, buddsoddid yr arian oedd yn weddill, wrth reswm, yn Estonia ei hun yn hytrach nag mewn gwlad estron. Pe buasai'r elw enfawr a wnaed o lo Cymru (a'r diwydiannau trymion eraill) wedi cael ei fuddsoddi yng Nghymru byddai golwg wahanol ar ein gwlad, ar ein ffyrdd, rheilffyrdd a phorthladdoedd, a hyd yn oed ar ein sefydliadau diwylliannol. Yn gynnar yn y tri degau torrodd dirwasgiad economaidd chwyrn ar draws y gwaith o adeiladu economi Estonia, ond tynnodd drwyddi'n well na llawer o wledydd y gorllewin. Bu'n rhaid gwahardd bodolaeth plaid ffasgaidd yn Estonia fel y gwaharddwyd y Blaid Gomiwnyddol yno ar ôl eu *putsch* ym 1924; am gyfnod byr rhoddwyd galluoedd unbenaethol i'r Arlywydd, ond buan yr adferwyd trefn fwy democrataidd. Ar ôl cynnal refferendwm cafwyd cyfansoddiad newydd i'r wlad. Datganodd Llywydd y senedd na châi gallu: "byth mo'i gyfyngu i ddwylo un person nac un dosbarth"—geiriau dewr ar ran cenedl fach iawn a oedd yn byw o dan gysgod Rwsia Stalinaidd a'r Almaen Hitleraidd. Roedd rheolaeth Cymru y pryd hwnnw yn nwylo plaid a wrthwynebwyd gan ei phobl; dyna ansawdd ei democratiaeth hi. Methodd Llywodraeth Llundain yn llwyr â chymhwyso economi Cymru i gwrdd â'r un math o ddirwasgiad ag a drawodd Estonia. Cyrhaeddodd diweithdra yn Estonia ei fan uchaf ym 1933 gydag uchafbwynt o 17,000 yn ddi-waith. Yn yr un flwyddyn yng Nghymru, er bod cannoedd o filoedd wedi eu trosglwyddo i Loegr o dan bolisi melltigedig *the transference of labour,* roedd 223,500 ar y clwt. Erbyn Chwefror 1938 syrthiodd diweithdra Estonia i 2,750; roedd y wlad yn fwy ffyniannus na'r Ffindir. Yng Nghymru daliai 157,800 yn ddi-waith er bod bron i hanner miliwn wedi eu trosglwyddo i Loegr erbyn hynny. Talodd y Cymry'n hallt am eu taeogrwydd.

Yr oedd y datblygiad a welwyd ym myd diwylliant Estonia, sy'n porthi bywyd mewnol y bobl ac sy'n anhepgorol i fywyd dynol cyflawn, yr un mor rhyfeddol. Diogelwyd a chyfoethogwyd yr iaith genedlaethol. Cyfieithwyd clasuron o lawer iaith arall i'r Estoneg. Mewn un genhedlaeth cododd nifer o feirdd a deilyngai gael eu gwaith wedi'i gyfieithu, a sawl nofelydd da. Disgleiriai addysg i oedolion; ym 1937 roedd deucant o ddarlithwyr teithiol llawn amser; pum cant fyddai'r rhif cyfatebol yng Nghymru yn ôl y boblogaeth. Ffynnai'r theatr gyda chwmnïau proffesiynol mewn trefi bach o bump a chwe mil eu poblogaeth. Yn yr un modd datblygodd cerddoriaeth; nid oedd pentref heb ei gôr; roedd un o bob pymtheg o'r bobl yn aelod o gôr. Llwyddodd y diwylliant Estonaidd ifanc i gymathu'r diwylliant Almaenaidd, a fu'n brif elfen ddiwylliannol y wlad am saith canrif. Digwyddodd hyn oll mewn gwlad nad oedd yn ddim ond dwy ran o bump o boblogaeth Cymru.

Dyna sefyllfa Estonia ar ddechrau'r Ail Ryfel Byd ym 1939. Er i'w phobl fod yn y wlad bron cyhyd ag y bu'r Cymry yn eu gwlad hwythau, cenedl newydd oedd Estonia i bob pwrpas, ond cenedl a wynebai'r dyfodol gyda hyder. Newydd oedd ei hymwybyddiaeth o'i harwahanrwydd cenedlaethol, newydd oedd ei diwylliant a newydd ei hiaith fel iaith lenyddol. Ond yr oedd hi'n genedl a feddiannwyd gan yr ewyllys i fyw, yn wahanol i Gymru, ac roedd hi'n genedl a oedd yn sicr o'i chyfeiriad mewn bywyd. Gan hynny, ymdrechodd yn benderfynol i greu economi addas i'w chymdeithas; datblygwyd diwydiant yn gytbwys yno, a sicrhawyd cynhaliaeth deilwng i'r ffermydd teuluol a lenwai'r wlad. Er prinned ei hadnoddau naturiol o'i chymharu â Chymru nid oedd fawr neb yn Estonia yn ddi-waith, a chodai'r safon byw yn gyson. Cyfrannodd i'r arbrofion cymdeithasol llwyddiannus a wnaed ar lannau Môr Y Baltig, y rhai y cyfeiriodd Hampden Jackson atynt. Bu rhai'n breuddwydio am weld Cymru'n laflordy cym-deithasol y byddai ei harbrofion cymdeithasol hithau o werth i'r byd; mae bron pob amod angenrheidiol i lwyddiant yma yng Nghymru. Ond byw mewn caethiwed fu dewis ei phobl hi.

CAETHIWED ETO

Creodd rhyfel 1939 sefyllfa argyfyngus ar unwaith. Mynnodd Yr Undeb Sofietaidd wneud cytundebau â thair gwlad fach Y Baltig er mwyn diogelu ei buddiannau hi; anfonwyd gwarchodluoedd o'r Fyddin Goch i fannau strategol. Bodlonwyd ar hynny gan fod Molotov wedi gwneud addewid bendant. Roedd ei eiriau'n glir:

> Ni olyga'r cytundebau â'r gwledydd Baltig o gwbl fod Yr Undeb Sofietaidd yn ymyrryd â materion mewnol Estonia, Latfia a Lithwania fel y mae rhai yn awgrymu... Yr ydym yn sefyll dros gyflawni'n haddewidion ac yn datgan mai llesol i'n gelynion yn unig yw pob ofer sôn am Sofieteiddio'r gwledydd Baltig.

Naw mis yn ddiweddarach y daeth y dadrithiad creulon. Cyhoeddwyd wltimatwm gan Molotov yn mynnu dau beth: un, bod Estonia yn derbyn lluoedd newydd o filwyr Sofietaidd, ac yn ail (a hyd yn oed yn fwy peryglus) fod llywodraeth fwy 'cyfeillgar' yn cael ei sefydlu. Llifodd y cer-bydau arfog i mewn; rhyddhawyd y carcharorion gwleidyddol (22 ohonynt: faint fu wedyn?); sefydlwyd Cynghrair y Gweithwyr, plaid newydd a wnâi ewyllys Stalin. Trefnwyd 'etholiad' yn y dull Sofietaidd, etholiad na châi neb ond aelodau Cynghrair y Gweithwyr fod yn ymgeiswyr ynddo. Pleidleisiodd 92.8% o'r bobl drostynt! Gyda chytundeb y senedd Sofietaidd honno ymgorfforwyd Estonia yn Yr Undeb Sofietaidd.

Llwyddodd miloedd i ffoi. Lladdwyd sawl arweinydd. Dygwyd tua 60,000 i alltudiaeth ym mhellafoedd Rwsia, gan gynnwys gwleidyddion, arweinwyr undebau llafur a phobl gwbl anwleidyddol o'r proffesiynau megis clerigwyr (Esgob Estonia yn eu plith), cyfreithwyr, meddygon, gwŷr busnes a rheolwyr cymdeithasau cydweithredol. Yr amcan oedd dileu meddwl Estonaidd annibynnol o'r wlad a'i ddisodli gan feddwl Sofietaidd fel na chodai Estonia byth eto yn genedl rydd. Gellir cymharu'r amcan hwn â'r hyn a gyflawnwyd yn dra effeithiol yng Nghymru, yn fwy effeithiol am na fu yma erlid creulon. Disodlwyd y meddwl annibynnol Cymreig a difodwyd yr ewyllys i fyw fel cenedl ymhlith y mwyafrif mawr gan Brydeindod, sy'n air teg am Seisnictod. Ond yn Estonia difododd y comiwnyddion undebau llafur annibynnol, a gosod yn eu lle drefn undebol newydd fyddai'n sicrhau disgyblaeth ac yn gwneud cynyddu cynnyrch yn brif amcan eu bodolaeth. Dilewyd y ffermydd bach teuluol, gan sefydlu ffermydd colectif enfawr yn eu lle.

Am bedair blynedd bu'r wlad o dan sawdl Yr Almaen. Disodlwyd y Natsïaid Coch gan y Bolsiefiaid Brown, a defnyddio termau'r bobl amdanynt. Llofruddio'r Iddewon a wnâi'r naill; 'gelynion dosbarth' oedd ysglyfaeth y llall. Ym 1944 pan yrrwyd yr Almaenwyr yn ôl o Leningrad trwy'r gwledydd Baltig daeth Estonia unwaith eto i ddwylo'r Undeb Sofietaidd. Yno y bu byth wedyn, y lleiaf o'r Gweriniaethau Sofietaidd, ei heconomi wedi ei hintegru mor llwyr yn Yr Undeb Sofietaidd ag y mae economi Cymru ym Mhrydain Fawr.

Yn ystod cyfnod caethiwed eu gwlad yn Yr Undeb Sofietaidd bu'r alltudion Estonaidd yn syndod o egnïol. Er enghraifft, yn ystod y pum mlynedd cyntaf ar ôl y rhyfel cyhoeddodd yr Estoniaid a ffoes i Sweden, cyfran fach o Gymry Llundain o ran rhif, un ar ddeg o nofelau, tair cyfrol o straeon, naw cyfrol o farddoniaeth, amryw gofiannau a llawer o lyfrau plant a llyfrau ysgol. Gwerthwyd tri chan mil o gopïau ohonynt. Cynhalient amryw o gylchgronau a thri phapur newydd, un ohonynt yn ddyddiol.

Os bu'n anodd dod o hyd i'r holl wirionedd am sefyllfa fewnol Estonia y mae un peth yn ddigon clir; er caethed y genedl fach honno, nid yw mor gaeth â Chymru; er trymed y gormes ar Estonia, nid yw mor llethol â'r gorthrwm ar Walia Wen. Ond tra adweithiodd yr Estoniaid yn ffyrnig yn erbyn gormes a chaethiwed fe'u derbyniwyd yn dawedog gan y Cymry. Natur wahanol y gormes ar y ddwy genedl, a'r ffordd wahanol y datblygodd eu sefyllfa'n hanesyddol sydd, wrth reswm, yn esbonio'r gwahanol ymateb. Ond erys y ffaith hon: bu ymateb y genedl fach ifanc i'r sefyllfa yn anrhydeddus tra bo ymateb yr hen genedl yn waradwyddus. A hynny er mor ddiffaith yw hanes y naill ac er cyfoethoced yw hanes y llall. Pan oedd y Cymry'n ymladd yn gyndyn dros eu rhyddid ac am 1,100 o flynyddoedd yn cynhyrchu rhyddiaith a barddoniaeth un o lenyddiaethau mawr Ewrop, pobl ddiymdrech a di-ddiwylliant oedd yr Estoniaid, heb na hanes na llenyddiaeth y gallent ymfalchïo ynddynt. Ond yr Estoniaid a amlygodd gadernid a gwroldeb yn ein canrif ni. Yn eu bywyd nhw y ceir anrhydedd heddiw; nhw a ddyheodd am fod yn rhydd. Nid oes gwarth yn safle caeth Estonia; trwy rym milwrol y daeth i fod. Dewis bod yn gaeth o'u gwirfodd a wnaeth y Cymry; dyna hanfod cywilydd mawr eu sefyllfa nhw.

Y mae'n amlwg fod gormes a thrais y drefn Sofietaidd wedi methu â lladd ysbryd cenedlaethol Estonia. Amlygir nerth yr ysbryd yn ei senedd ac yn safle ei hiaith a'i diwylliant. Yn wahanol i Gymru y mae ganddi ei senedd a'i llywodraeth ei hun, sy'n meddu ar fwy o allu nag y buasai gan y cynulliad etholedig a wrthododd y Cymry. Golyga hyn fod y gormes Sofietaidd yn llai llethol na'r gorthrwm Prydeinig/Seisnig. Gwir mai gan un blaid yn unig y mae aelodau seneddol, er mai dim ond dau o bob pump aelod o'r cynghorau lleol sy'n Gomiwnyddion, ond gweithreda'r Blaid Gomiwnyddol yn sofiet Estonia dros fuddiannau Estonaidd; cenedlaetholwyr Estonaidd yw llawer o'i haelodau, yn wahanol i'r pleidiau Prydeinig yng Nghymru. Pleidiau cenedlaethol Prydeinig ydynt hwy; cenedlaetholwyr Prydeinig yw eu haelodau; polisïau a luniwyd er lles Lloegr a ddilynant, beth bynnag yw eu heffaith ar Gymru. Fel Gweriniaeth Sofietaidd y mae Estonia yn ethol i senedd fawr ganolog Yr Undeb Sofietaidd 32 cynrychiolydd, deuddeg ohonynt yn ferched, yr un rhif â phob gweriniaeth yn Yr Undeb. Dirmyga'r Cymry'r gynrychiolaeth hon, a gwawdir y senedd Sofietaidd ei hun, am ei bod mor ddi-allu. Ychydig o le sydd ganddynt i fod mor ddirmygus. Onid y nesaf peth i ddim gallu sydd gan senedd Westminster ? Onid gan y cabinet, a'r prif weinidog yn arbennig, y mae'r gallu i wneud bron pob penderfyniad polisi o bwys, gan ddefnyddio mwyafrif y Llywodraeth, o dan reolaeth y chwipiaid, i'w gyrru trwy'r senedd? Prin fod yr wrthblaid yn newid dim oll. A phan gaiff senedd Westminster ambell gyfle i benderfynu rhywbeth drosti ei hun, megis ym mater boddi Tryweryn, faint o allu sydd gan y tri dwsin aelod Cymreig ymhlith y chwe chant a hanner o aelodau seneddol? Y mwyafrif Seisnig llethol sy'n gwneud y penderfyniadau.

Ni ddylid ceisio lleihau'r drwg mawr a wna caethiwed wleidyddol i'r genedl fach Estonaidd. Fel y mae gennym le i gredu yng Nghymru y byddai ein heconomi cyn gryfed ag eiddo gwledydd Llychlyn oni bai am ein caethiwed politicaidd, felly hefyd yn Estonia. Adroddai'r *Guardian* eu bod o'r farn 'that, but for Soviet rule, their political and economic development would have been similar to Scandinavia or Finland.' Y drygioni mwyaf oll, a'r hyn a gythrudda'r Estoniaid fwyaf, yw'r mewnfudo mawr o

Rwsia. Fe fu yno allfudo enbyd yn y blynyddoedd ar ôl y rhyfel. Amcangyfrifir bod chwarter miliwn wedi cael eu halltudio, ond darfu am hynny pan fu Stalin farw ym 1953. Eithr parhaodd y mewnfudo. 'The most acute "nationality" problem behind the unrest, at least in Latvia and Estonia', meddai'r *Guardian* yn nechrau Mawrth 1988, 'has been a massive immigration of non-Balts, mainly Russians, since the 1950's.' Daeth cannoedd o filoedd o Rwsiaid i fyw i Estonia i weithio yn y diwydiannau trymion newydd yn bennaf ac yn y trefi glan môr. I'r trefi y daethant, megis yng Nghymru ddiwedd y ganrif ddiwethaf a dechrau'r ganrif hon. Deil y rhannau gwledig yn gwbl Estonaidd eu hiaith a'u cymeriad. Ond y mae poblogaeth Tallinn y brifddinas, a'r porthladd harddaf yn y byd medd rhai, wedi mwy na dyblu o 143,000 ym 1939 i 360,000 heddiw, a Rwsiaid neu Iwcraniaid yw hanner ei dinasyddion. Bellach y mae bron mor gosmopolitan â Chaerdydd.

Y mae plannu poblogaeth estron mewn gwlad yn hen ddull o wanhau gwrthwynebiad cenedl i oresgyniad gan wlad fwy, a hyd yn oed i ddigenedligo gwlad. Fe'i defnyddiwyd gan Loegr Normanaidd yn gynnar yn y ddeuddegfed ganrif pan blannwyd trefedigaeth o Ffleminiaid yng ngwaelod yr hen sir Benfro, a chan Loegr eto wrth blannu miloedd o Brotestaniaid yng ngogledd Iwerddon. Dyma'r dull a ddefnyddir gan Tsieina heddiw ymhlith cenhedloedd llai y wlad enfawr honno, megis Tibet. Tsieineaid yw mwyafrif pobl Lhasa bellach a Tsieinaeg yw iaith gweinyddiaeth y wlad. "Nid dros ryddid yn gymaint â thros barhad ein bywyd yr ymladdwn" medd arweinydd Tibetaidd. "Y mae'r posibilrwydd arswydus yn bod y diflanna Tibet yn llwyr fel cenedl." Gwyddom yng Nghymru sut deimlad yw hwnnw.

Mewnlifiad a Rwsianeiddio yw'r ddau fygythiad mawr i fodolaeth cenedligrwydd Estonia heddiw, ac y mae'r ddau ynghlwm wrth ei gilydd. Adfer eu hiaith a roes i'r Estoniaid y nerth moesol i ennill rhyddid cenedlaethol ac i greu economi gref, ond ysgytwa Rwsianeiddio ffydd llawer yn nyfodol y genedl. Credir bod gwanhau ffydd yn eu dyfodol cenedlaethol yn ffactor o bwys yn y lleihad yn nifer y plant a enir i deuluoedd y wlad. Trwy fygwth yr iaith genedlaethol y mae graddfa'r mewnlifiad yn peryglu bodolaeth y genedl. Am fod dyfodol cenedlaethol yn dibynnu ar yr iaith, hi yw calon y frwydr, a brwydr yn erbyn Rwsianeiddio yw hi. Y mae poblogaeth Yr Undeb Sofietaidd yn tynnu am dri chan miliwn, a Rwsieg yw'r iaith gyffredin rhwng pobloedd yr ymerodraeth enfawr hon. 'Does dim ond naw can mil o Estoniaid Estoneg eu hiaith, ond ymdrecha pob rhan o'r boblogaeth fach honno gyda phenderfyniad. Er enghraifft ym mis Hydref 1980 llanwyd strydoedd Tallinn a'r prif drefi gan filoedd o ddisgyblion yr ysgolion uwchradd yn protestio yn erbyn y Rwsianeiddio.

Y llynedd crynhodd un o arweinwyr y wlad y sefyllfa mewn erthyglau grymus. Y mae cwestiwn yr iaith, meddai, yn ei hanfod yn gwestiwn parhad y genedl. Gan mai'r iaith sy'n cynnal y diwylliant Estonaidd: "Y cwestiwn y mae democratiaeth ieithyddol yn ei godi yw'r cwestiwn—'Ai bod neu beidio â bod?' " Y gair teg a ddefnyddir am Rwsianeiddio yw cydwladoldeb neu gydgenedholdeb. Pan oeddwn ar Gyngor Sir Gaerfyrddin dyna oedd gair y Llafuryddion am Brydaineiddio. Culni oedd fy Nghymreictod i; roedd eu Prydeindod nhw'n gydwladol, yn gydgenedlaethol. Ond Llundain oedd pen draw eu cydgenedlaetholdeb.

Y ddau ddosbarth sydd ar flaen y gad yn Estonia yw'r myfyrwyr a'r llenorion. Nhw, a'r llenorion yn arbennig, a ysgwyddodd faich yr arweinyddiaeth genedlaethol. Ymhob ymgyrch o blaid y genedl ac yn erbyn gormes Yr Undeb Sofietaidd y mae'r llenorion a'r myfyrwyr i'w canfod yn y canol. Fe'u ceir ymhob rali a chynhadledd a phrotest genedlaethol. Nid negyddol mo'u llais. Y llenorion, weithiau gydag undebwyr llafur ac economegwyr, yw awduron y datganiadau nerthol o bolisi manwl a chadarnhaol a wneir.

Yng Nghymru ceir cyfuniad o fewnfudo ac allfudo torfol sy'n ddychryn. Y cannoedd o filoedd o fewnfudwyr a arllwysodd i'n hardaloedd diwydiannol a'n trefi glan môr yn niwedd y ganrif ddiwethaf a dechrau'r ganrif hon ynghyd ag addysg Saesneg, a hanerodd gyfartaledd y Cymry Cymraeg. Dirywiodd y sefyllfa ymhellach gydag allfudiad bron i hanner miliwn o Gymru i Loegr rhwng y ddau ryfel, sefyllfa a drefnwyd i gwrdd â diweithdra enbyd y Gymru wledig a diwydiannol. Nid dwyn gwaith i mewn at y Cymry fu'r polisi ond symud y Cymry allan at y gwaith. Ond er bod llu o ieuenctid cefn gwlad yn gorfod ymadael i chwilio gwaith, parhaodd yr ardaloedd gwledig yn gaerau'r iaith Gymraeg. Ers pymtheng mlynedd neu fwy bellach y caerau hyn sy'n syrthio o dan bwysau'r mewnfudo ac allfudo.

Mewn ateb i gwestiwn seneddol a ofynnwyd gan Mr. Dafydd Wigley ddwy flynedd yn ôl rhoddwyd y wybodaeth hon am y saith mlynedd rhwng 1979 a 1985:

	ALLFUDO O GYMRU	MEWNFUDO I GYMRU
		(mewn miloedd)
1979	51	55
1980	54	51
1981	53	48
1982	53	52
1983	52	49
1984	50	52
1985	52	57
	365	364

Yn y saith mlynedd rhwng 1979 a 1985 symudodd 365,000 allan o Gymru a symudodd 364,000 i mewn. Dyna dros filiwn yn symud allan mewn ugain mlynedd a thros filiwn yn symud i mewn; ym Mhrydain y ffigur cyfatebol fyddai ugain miliwn mewn ugain mlynedd. Gwyddom am ganlyniadau chwerw'r chwalfa hon ar iaith ac economi, ar gymeriad a diwylliant cymunedau'r hyn a fu, hyd yn ddiweddar iawn, yn gefn gwlad Cymraeg.

Llai yno yw'r llawenydd,
Llaw Sais ar bob lle sydd.

Amryw ac ofnadwy yw canlyniadau'r taeogrwydd sy'n goddef gormes a chaethiwed yn llywaeth.

Crynhowyd barn yr Estoniaid am sefyllfa'r wlad o dan ormes Rwsia mewn cyfrol gan Swediad Estonaidd o newyddiadurwr. Gofynnodd un cwestiwn syml i filoedd o Estoniaid: "Beth yw'r tri pheth gorau a'r tri pheth gwaethaf ynghylch Estonia heddiw?" Ar yr ochr gadarnhaol soniodd bron bawb am y datblygiad addysgol a diwylliannol egnïol. Cydnabyddir y cynnydd diwylliannol yn gyffredinol. Y ddau beth arall y soniodd y mwyafrif amdanynt oedd gwell amodau byw yn y rhannau gwledig, ynghyd â'r datblygiadau diwydiannol. Ar yr ochr negyddol y peth amlycaf o ddigon oedd y Rwsianeiddio sy'n ganlyniad i'r mewnfudo; soniwyd hefyd am brinder ac ansawdd wael nwyddau'r siopau, diffyg rhyddid i deithio mewn gwledydd tramor a diffyg rhyddid i feirniadu'r bobl sydd mewn awdurdod.

Y mae rhai gweddau ar y datblygiad addysgol a diwylliannol y cyfeira'r llyfr ato yn syfrdanol. Ceir ystadegau manwl am y sefyllfa gyhoeddi yn yr *Handbook of Major Soviet Nationalities,* llyfr dibynadwy a gyhoeddwyd yn Efrog Newydd ym 1975. Ym 1972, pan oedd 910,000 o Estoniaid Estoneg eu hiaith, daeth 1,505 o lyfrau Estoneg o'r wasg a gwerthwyd 10,615,000 ohonynt. Argreffid yn bur gyffredin 20-35,000 o gopïau o nofel newydd a chwech i ddeuddeng mil o gopïau o lyfr barddoniaeth. Ymhlith y nofelau niferus a gyhoeddir bob blwyddyn y mae rhai epigau a rhai o gymeriad hanesyddol, seicolegol, gwleidyddol neu wyddonol. Y mae tua deucant o awduron yn byw ar gefn eu sgrifennu. O'r 43 papur newydd roedd 28 yn Estoneg eu hiaith.

Ffynna canu corawl. Dywedir bod 200,000 yn dal i fynychu'r eisteddfod gerddorol a gynhelir dros ddau ddiwrnod i wrando ar 30,000 yn canu. Ffynnu hefyd a

wna'r ddrama amatur, ac y mae deg theatr broffesiynol yn y
wlad. O achos y mewnfudiad mawr cynyddodd y boblogaeth
a gostyngodd cyfartaledd y siaradwyr Estoneg o'r 86% a'i
siaradai ym 1939, ond honnir bod tri chwarter y bobl yn
dal i siarad yr iaith, mwy nag oedd yn ei siarad ym 1939.
Un rheswm am y cyfartaledd uchel hwn yw nifer y
rhaglenni Estoneg sydd ar y sgrîn deledu. Y mae gennym
achos yng Nghymru i ymffrostio yn ein 26 awr o Gymraeg
yr wythnos, a chydnabyddwn fod y Llywodraeth, ar ôl ei
gorfodi i ildio'r gwasanaeth, wedi ymddwyn yn gwbl
anrhydeddus. Ond cyn ymgolli mewn edmygedd o'i
hagwedd sylwn fod y naw can mil Estoniaid yn cael 70 awr
o raglenni teledu yn eu hiaith. Yn ogystal â hyn gallant dder-
byn rhaglenni radio a theledu'r Ffindir ar draws y Gwlff
mewn rhan dda o'r wlad a'u deall yn weddol dda. Ffactor
dra phwysig arall yw addysg Estoneg ei chyfrwng.

O'r 757 ysgol gyffredin, yn y flwyddyn 1972 yr oedd
Estoneg yn gyfrwng addysg mewn 556, sef tua thri chwar-
ter ohonynt; roedd 90 yn Rwsiaidd eu hiaith a 60 yn
ddwyieithog. Roedd yr un peth yn wir am y sefydliadau
addysg uwch, yn cynnwys y Brifysgol, y Politechnig a'r
colegau celf, amaethyddiaeth, cerdd ac addysg.
Rhyngddynt yr oedd 15,000 o fyfyrwyr. Yn y Brifysgol
cymerai 89% o'r myfyrwyr eu cyrsiau trwy gyfrwng yr
Estoneg, ac yr oedd gan 90% o'r athrawon enwau
Estonaidd. O'r deucant o lyfrau a gyhoeddodd Gwasg y
Brifysgol mewn pedair blynedd roedd 176 mewn Estoneg
a 14 mewn Rwseg.

Er mor wrthun yw rhai gweddau ar y drefn dotalitaraidd
gomiwnyddol y mae un fantais fawr iddi ac fe'i ceir yn
Estonia. Nid oes dim diweithdra yno. Y mae gwaith i bawb
yn Estonia tra mae 155,000 o weithwyr Cymru ar y
clwt.

Ond waeth pa mor galed a llwyddiannus y bu i'r
Estoniaid frwydro dros eu hiaith a'u diwylliant, y mae'r
llanw Rwsiaidd yn dal i godi. Gŵyr yr Estoniaid yn iawn

am y boen ingol y soniodd J.R.Jones amdani o weld eu gwlad yn dechrau ymadael â nhw. Ni chaiff ei cholli heb frwydr fawr—brwydr a gaiff lawer mwy o gefnogaeth nag a roddir i genedlaetholwyr Cymru. Rhoddodd dyfodiad *glasnost* a *perestroika* o dan Gorbachev gyfle rhagluniaethol i'r Estoniaid a chydiasant yn y cyfle â'u dwy law. Yn nhair gwlad fach Y Baltig y gwelir y mynegiant llawnaf o'r berw meddyliol a gwleidyddol sy'n corddi ymerodraeth enfawr Rwsia; Estonia, y weriniaeth leiaf yn Yr Undeb Sofietaidd, sydd ar y blaen. Y mewnfudo, y Rwsianeiddio a'r diffyng rhyddid economaidd a gwleidyddol sy'n poeni fwyaf ar y tair gwlad, ac y mae'n drawiadol mai o du'r llenorion (a chyda nhw y myfyrwyr) y daeth yr arweiniad clir cyntaf.

Y mae arweiniad y llenorion yn dwyn i gof yr arweiniad gwleidyddol a roddai beirdd Cymru yn y Oesoedd Canol. Byddai'n dda cael astudiaeth o'u dylanwad politicaidd hyd at drothwy'r cyfnod modern. Yn y bymthegfed ganrif câi Henry Tudor eu cwmni am naw mlynedd pan fu'n byw fel llanc yng nghastell Rhaglan, cartref William Herbert, Iarll Penfro, prif noddwr beirdd Cymru y pryd hwnnw.

Gyda'r llenorion yn arwain, rhoddwyd arweiniad grymus gan Gyngor yr Undebau Diwylliannol Estonaidd, corff sy'n cynnwys undebau'r artistiaid, y cyfansoddwyr, y newyddiadurwyr a phobl y theatr a'r sinema. Cefnogi *perestroika* oedd y clogyn a ddefnyddiai'r cenedlaetholwyr hyn. Wedi cynadledda am ddyddiau cyhoeddodd deallusion y Cyngor ddatganiad ag iddo ddeunaw pwynt beiddgar o radical. Meddai:

> Y mae parhad mewnfudo, sydd heb ei reoli eto, wedi cael effaith beryglus ar y sefyllfa ddemograffig, ac felly ar y sefyllfa economaidd a diwylliannol. Gwnaeth hyn y broblem dai bron yn amhosibl i'w datrys, a chreodd dyndra mawr mewn cymdeithas. . . (rhaid wrth) ddulliau llawer mwy radical i roi terfyn ar y mewnfudo i'r weriniaeth.

Datganwyd bod y problemau cymdeithasol, economaidd ac ecolegol hyn wedi creu problem ddemograffig sy'n:

bygwth bodolaeth ddiwylliannol y genedl Estonaidd...Er mwyn cwrdd â'r argyfwng...mae'n rhaid i arweinyddiaeth y Sofiet Estonaidd ystyried mai ei flaenoriaeth bwysicaf yw bodolaeth barhaol y genedl Estonaidd a'i hangen am gael ei datblygu.

Trigain y cant o boblogaeth Estonia sy'n Estoniaid bellach sef tua 900,000. Er bod y dylifiad Rwsiaidd bron wedi ei gyfyngu i'r trefi, cred y deallusion ei fod yn fygythiad i'r genedl gyfan a rhoesant eu sylw cyntaf iddo. Yn ail yn eu datganiad daeth safle'r iaith. Amlyga'r flaenoriaeth a roddwyd i'r mewnlifiad ac i'r iaith werthoedd deallusion y wlad. Meddai eu datganiad:

Ein safbwynt ni yw na ellir gwarantu cydraddoldeb rhwng y cenhedloedd [yn Estonia] heb amddiffyn blaenoriaeth yr iaith a'r diwylliant Estonaidd drwy holl diriogaeth Gweriniaeth Sosialaidd Sofiet Estonia.

Yn dilyn y mewnlifiad a'r iaith trafododd y datganiad faterion economaidd, cymdeithasol a chyfansoddiadol. Galwyd am gydnabod annibyniaeth economaidd Estonia, am drefn ariannol annibynnol, am ddinasyddiaeth Estonaidd, am sedd yn y Cenhedloedd Unedig ac am fesurau ecolegol. Crynhôdd un bardd amcanion y deallusion trwy ddweud mai eu bwriad yw rhoi pen ar 'drefedigaethedd sosialaidd'.

Ymatebodd Moscow yn Ebrill trwy gytuno i roi mesur o ymreolaeth mewn saith maes allweddol, sef diwydiant, tanwydd ac ynni, trafnidiaeth, gwasanaethau cyhoeddus, addysg, diwylliant, a choedwigo a'r amgylchedd. Ond y cam cyntaf yn unig yw hwnnw, meddai Bruno Saul, Prif Weinidog Estonia.

Ganol yr haf fe ffurfiwyd Ffrynt y Bobl, mudiad cenedlaethol a chanddo gefnogaeth dorfol; mabwysiadodd raglen seiliedig ar y polisïau a nodwyd yn natganiad yr Undebau Diwylliannol. Daeth deuddeng mil ynghyd yn Tallinn ym mis Mehefin i'w gefnogi—fel petai Aelodau Seneddol a chynghorwyr Llafur yn cymryd eu lle ar flaen y frwydr dros ryddid i Gymru. Ailadeiladu Estonia trwy gymhwyso *perestroika* yw'r nod cyffredinol a gyhoedda. Gelwir am osod galluoedd y biwrocratiaid o dan reolaeth gyhoeddus, yn union fel y bu Plaid Cymru yn galw am osod o dan reolaeth senedd Gymreig alluoedd helaeth Ysgrifennydd Gwladol Cymru a'i 3,500 o fiwrocratiaid, sy'n gyfrifol bellach am wario bron i bedwar biliwn o bunnoedd mewn blwyddyn.

Fel hyn y crynhowyd prif amcan Ffrynt y Bobl gan erthygl yn y *Sunday Times* o dan y pennawd, *Rebirth of the Estonian Nation:* "It campaigns for truly democratic socialism and, above all else, for the preservation of the Estonian nation from Russification and extinction." Honna'r ysgrif fod gan y mudiad dri chan mil o aelodau a bod dros naw deg y cant o bobl Estonia tu cefn iddo.

Nid yw'r Blaid Gomiwnyddol yn hollalluog yn Estonia mwyach; y mae cenedlaetholdeb Estonaidd yn drech na'i chenedlaetholdeb Rwsiaidd hi. Amlygwyd hyn pan ddymchwelwyd pennaeth Plaid Gomiwnyddol Estonia y gwanwyn diwethaf. O fewn mis penodwyd arweinydd newydd a gydymdeimlai â'r galw am fwy o ryddid cenedlaethol a phersonol. Rhybuddiodd ef aelodau ei bwyllgor canol y collai'r Blaid reolaeth oni chwrddai â gofynion y cenedlaetholwyr. Rhoddwyd mynegiant i deimladau'r wlad gan dorf o gant a hanner o filoedd a dyrrodd i sgwâr ganol i'w ddanfon ef a'i gydgenedlaetholwyr i gynhadledd fawr unigryw Plaid Gomiwnyddol Yr Undeb Sofietaidd ym Moscow ym mis Mehefin, y cynulliad mwyaf o lawer a welwyd erioed yn hanes y wlad.

Ym mis Medi galwodd yr arweinydd newydd, a oedd wedi derbyn y cyfan bron o ofynion y Ffrynt, am "undeb dilys o bobloedd rhydd yn Yr Undeb Sofietaidd a roddai ddinasyddiaeth Estonaidd i bobl Estonia a sofraniaeth lwyr dros eu materion economaidd a pholiticaidd". Galwodd hefyd, ac yntau'n arweinydd Plaid Gomiwnyddol y wlad, am hawl i Estonia rwystro'r mewnfudiad o Rwsia. Er i Moscow ddangos ei hanghymeradwyaeth mewn erthygl ymosodol elyniaethus yn *Pravda* ym mis Awst, mynd rhagddo a wnaeth y mudiad cenedlaethol. Ar y dydd cyntaf o fis Hydref daeth tair mil o gynrychiolwyr i gyngres gyntaf Ffrynt y Bobl i drafod y rhaglen a luniodd y deallusion. Ceisiodd y Blaid Gomiwnyddol ffurfio'r hyn a alwai'n Ffrynt Gydwladol mewn gwrthwynebiad, ond deucant yn unig a ddaeth i'w gyfarfod cyntaf. Yr hyn a'i gwnaeth hi'n bosibl i'r Ffrynt godi mor gyflym oedd bod y Blaid Gomiwnyddol mor amddifad o syniadau gogyfer â dyfodol Estonia. A oes sefyllfa gyfatebol yng Nghymru?

Dilynwyd arweiniad Estonia gan Latfia a Lithwania. Dymchwelwyd arweinwyr Plaid Gomiwnyddol y ddwy wlad, yn Latfia yn yr haf ac yn Lithwania ym mis Hydref. Roedd arweinydd Plaid Gomiwnyddol Lithwania wedi bod yn wawdlyd iawn o'r gwladgarwyr ac wedi eu galw'n 'genedlatholwyr *bourgeois*'—term o ddirmyg a glywsom yn aml yng Nghymru. Erbyn adeg ei ddiswyddo gallai'r mudiad cenedlaethol yn Lithwania hawlio fod ganddo fil o ganghennau a 180,000 o aelodau. Prif bwyntiau ei raglen yw: (1) cydnabod Lithwaneg fel yr iaith swyddogol; (2) sicrhau Deddf Dinasyddiaeth er mwyn rheoli'r mewnlifiad; (3) sicrhau rheolaeth lwyr dros yr economi; (4) sicrhau hawl Lithwania i gael ei chynrychioli mewn gwledydd tramor. Dyna drefn y prif bwyntiau. Yn ogystal â galw am fab-wysiadu Lithwaneg fel iaith swyddogol geilw Undeb Llenorion Lithwania am amddiffyn yr iaith drwy gael gwared ar ysgolion dwyieithog sy'n dueddol o droi'n Rwsiaidd eu hiaith, ac am ychwanegu blwyddyn at dymor yr ysgolion Rwsiaidd a Phwylaidd er mwyn dysgu iaith a hanes Lithwania i blant y mewnfudwyr.

Roedd trydedd wythnos mis Hydref 1988 yn wythnos hanesyddol yn Lithwania. Gadewch i linellau agoriadol erthygl ar ddalen flaen *The Independent* roi blas o'r hyn a ddigwyddodd ddiwedd yr wythnos honno pan ddaeth torf o 200,000 i sgwâr fawr Vilnius, y brifddinas, tra cynhaliai'r mudiad cenedlaethol ei gynhadledd gyntaf.

In Vilnius a nation has been reborn. Forty-eight years ago, Lithuania vanished from the map of Europe as an independent state... But this weekend it rose again, first in the modern assembly hall on the bank of the Neris, where the Lithuanian Reform Movement held its inaugural congress, then across the river in the Gediminas Square at the foot of the old city. The crowd flowed from every direction, slow streams of people carrying candles, torches, and the long-banned red, green and yellow flags of "bourgeois" Lithuania. As they approached the square, the streams became rivers of their own, of old and young, children on their fathers' shoulders, walking to the soft rhythmic chanting of patriotic songs which everyone knew by heart.

Tybed a welwn olygfa debyg byth yng Nghymru?

Lleda'r mudiad dros hunanlywodraeth lawnach i weriniaethau eraill sy'n dioddef gormes y Rwsiaid. Er mai hanner poblogaeth Yr Undeb Sofietaidd yn unig yw'r Rwsiaid, nhw yw 'pobl y weriniaeth'. Nhw a'i meddiannodd. Cenedlaetholdeb Rwsiaidd yw cenedlaetholdeb Yr Undeb Sofietaidd er bod aelodau'r cenhedloedd llai hefyd yn ei arddel. Gall ei nerth anferth eto brofi'n ormod i'r cenhedloedd bach ei oresgyn. Y mae hyn yn debyg i'r sefyllfa ym Mhrydain Fawr lle y mae'r Saeson hyd yn oed yn fwy o 'bobl y wladwriaeth'. Nhw a'i meddiannodd hi. Ffurfiant dros bedair rhan o bump o'i phoblogaeth. Cenedlaetholdeb Seisnig yw cenedlaetholdeb Prydeinig er bod mwyafrif y Cymry a'r Sgotiaid yn ei arddel. Dywedodd arweinydd Plaid Genedlaethol Georgia ei bod "yn rhaid cael gwir gydraddoldeb ymhlith cenhedloedd Yr Undeb Sofietaidd", yn union fel y geilw Plaid Cymru am gydraddoldeb rhwng cenhedloedd yr ynysoedd hyn. Seinia hyn fel cnul angau ym mhennau cenedlaetholwyr Yr Undeb Sofietaidd, canys gallai *gwir* genedlaetholdeb olygu diwedd ar Yr Undeb Sofietaidd fel un o'r prif Alluoedd Mawr. Tebyg yw ofn y cenedlaetholwyr Prydeinig, y byddai llwyddiant Cymru a'r Alban i ennill statws cenedlaethol cyflawn yn ddiwedd ar Brydain Fawr. Credaf y byddai hynny'n llesol i Gymru ac i Loegr ac i'r ddynoliaeth.

Eisoes gwelwyd sawl arwydd na chaiff ymdrech y

cenhedloedd bach i helaethu eu rhyddid rwydd hynt gan y cenedlaetholwyr Rwsiaidd. Ganol mis Tachwedd 1988 danfonwyd tri o ddynion cryfaf Moscow i Estonia, Latfia a Lithwania i'w rhybuddio i ffrwyno eu cenedlaetholdeb. Medvedev, pennaeth ideoleg, a ddanfonwyd i Latfia; Slyunkov, prif economegydd Moscow, a aeth i Lithwania; y cryfaf o'r tri a anfonwyd i Estonia, yn arwyddocaol ddigon, sef Chebrikov, cyn-bennaeth y KGB, sydd heddiw'n ben ar y comisiwn materion cyfreithiol. Yr un mor fygythiol yw'r hyn a ddigwyddodd tua'r un pryd ym Minsk, prifddinas Byelorwsia, gweriniaeth sy'n ffinio â'r gweriniaethau Baltig. Yno cafodd torf o ddeng mil, a gyfarfu i gefnogi'r syniad o Ffrynt Poblogaidd tebyg i rai gwledydd Y Baltig, ei chwalu'n dreisgar gan yr heddlu, a ddefnyddiodd nwy dagrau. Yn nannedd Chebrikov a Moscow penderfynwyd mewn cyfarfod brys o Sofiet Estonia (ei senedd) ymwrthod â'r cyfansoddiad newydd i'r gweriniaethau a luniwyd gan fiwrocratiaid Gorbachev gan ei fod yn canoli gormod o allu ym Moscow. Roedd pleidlais ryfeddol y Sofiet Estonaidd o blaid sofraniaeth Estonia oddi mewn i'r Undeb Sofietaidd bron yn unfrydol. Medrai Llywydd Estonia ddweud wrth ei senedd fod 900,000 o bobl y wlad, sef tua chwe deg y cant o'i phoblogaeth, wedi llofnodi deiseb yn gwrthwynebu polisi cyfansoddiadol Moscow. Rhoddodd y senedd ei chefnogaeth unfrydol i Ffrynt y Bobl a'r Mudiad Gwyrdd nerthol, a phenododd gomiwnydd amlwg, sy'n gefnogwr cryf i'r Ffrynt, yn Brif Weinidog.

Gyhyd ag y bydd cenhedloedd Y Baltig yn rhan o'r Undeb Sofietaidd bydd eu dyfodol cenedlaethol yn ansicr. Dioddefant oherwydd y mewnlifiad enbyd am nad oes ganddynt allu annibynnol i'w reoli—dim cymaint hyd yn oed ag sydd gan Jersey a Guernsey. Y mae eu sefyllfa yn wahanol i sefyllfa'r Ffindir, a fu hithau'n rhan o Rwsia. Pe bai'r Ffindir yn dal yn rhan o Rwsia, fel y mae Cymru'n dal yn rhan o Loegr, diau y byddai hi hefyd yn dioddef oherwydd mewnlifiad a safon byw isel. Ei hannibyniaeth a'i galluogodd i amddiffyn ei bywyd cenedlaethol a chreu economi gytbwys, ffyniannus. Y mae sefyllfa cenhedloedd Y Baltig yn debycach i sefyllfa cenedl y Cymry nag ydyw i sefyllfa'r Ffindir, ond y mae eu hysbryd yn dra gwahanol i ysbryd y Cymry. Pe bai Cymru'n rhydd fel y Ffindir byddai hi hefyd wedi gallu amddiffyn ei bywyd economaidd a'i ddatblygu'n gytbwys. Diffyg rhyddid yw'r rheswm am enbydrwydd y mewnlifiad yng Nghymru, fel yn Estonia a Latfia. Oni enillwn ryddid cenedlaethol gall dwy fil o flynyddoedd o hanes Cymreig ddod i ben.

Ymdrech i gadw gwerthoedd gorau gwareiddiad yw brwydr y cenhedloedd bach dros eu traddodiadau a'u hunaniaeth. Disgrifiodd y *Sunday Times* ymdrech cenhedloedd Yr Undeb Sofietaidd fel:

> A natural result of Gorbachev's attempt to bring the country into the modern world, where small nations everywhere, from the Basque country to the Punjab, are demanding the right to run their own affairs.

Pob cenedl fach, hynny yw, ond Cymru.

GORCHEST
ADFER
YR HEBRAEG

Creodd Israel enw anhyfryd iddi ei hun yn ystod yr ugain mlynedd diwethaf fel gwerthwr arfau i rai o lywodraethau creulonaf y byd. Danfonai arfau at Samoza ar ôl i'r U.D. atal ei chyflenwad hi, ac wedyn at deroristiaid y Contras i'w helpu i ddymchwel llywodraeth etholedig Nicaragua. Cafodd brawychwyr mewn nifer o wledydd y trydydd byd, o Haiti a San Salvador i Manila, gymorth gan Israel. Bu ganddi fonopoli ar werthu arfau i gynnal trefn wrthun Gwatemala. Parhâ i werthu arfau gwerth £200 miliwn a mwy y flwyddyn i Dde Affrica, gwlad hiliol arall; y mae'n debyg ei bod wedi ffrwydro bom niwcliar ar y cyd gyda De Affrica yn Y Môr Tawel. Gartref yn Israel y mae ei gorthrwm ar Arabiaid Gaza a'r Banc Chwith yn waeth na gormes unrhyw wlad gomiwnyddol a chynddrwg â gormes De Affrica. Carcharwyd 250,000 o Balestiniaid mewn ugain mlynedd a lladdwyd tri chant mewn deng mis ym 1988.

Serch hynny, cyflawnodd Israel gampau y gall Cymru ddysgu oddi wrthynt. Un yw'r ffordd y gwnaeth i'r anialwch flodeuo fel rhosyn trwy ymroddiad llwyr pobl a fynnai adfer eu hen genedl. Ond ei gorchest fwyaf fu adfer yr iaith Hebraeg. Mae'n amheus a fu'n iaith lafar erioed. Mae'n sicr nad oedd yn iaith lafar yn amser Iesu Grist. Aramaeg oedd ei iaith ef a'i gyfoedion. Yn y Beibl yr oedd bywyd yr Hebraeg; crefyddol oedd ei swyddogaeth.

Y teulu cyntaf i siarad Hebraeg ers miloedd o flynyddoedd o leiaf oedd teulu Eliezer Ben-Yehudi. Yn Lithwania y ganed ef. Bu'n fyfyriwr meddygol ym Mharis cyn iddo fynd i fyw i'r Wlad Sanctaidd yn Hydref 1881 am ei fod yn dioddef oddi wrth y dicáu. Talaith Dwrcaidd oedd Palesteina y pryd hwnnw. Wrth lanio yn Jaffa dywedodd Ben-Yehudi wrth ei wraig mai'r Hebraeg fyddai iaith eu cartref, er na wyddai hi ddim mwy o Hebraeg na'r hyn a ddysgodd ar y fordaith. Protestiodd, druan, y byddai hyn yn ei chondemnio i fudandod. Ond ni syflodd Yehudi. Cawsant fab, y plentyn cyntaf i gael ei fagu yn yr iaith Hebraeg. Pan oedd mab Yehudi yn unig blentyn Hebraeg y byd yr oedd cannoedd o filoedd o blant Cymraeg i'w cael. Mor ddiweddar â 1900 roedd 281,000 o Gymry uniaith.

Bu pogromau enbyd yn Rwsia yn ystod yr wyth degau. O'r herwydd dihangodd miloedd o Iddewon o Rwsia i Balesteina gan gynyddu'r boblogaeth Iddewig i tua deugain mil a rhoi hwb i'r syniad Seionaidd o wneud Israel, a fuasai'n wlad Arabaidd er pan wasgarwyd y genedl yn y ganrif gyntaf, ac a fu o dan reolaeth y Twrcïaid ers canrifoedd, yn gartref cenedlaethol i'r Iddewon. Gan fod Yideg, sef tafodiaith Almeinig-Iddewig, yn iaith lafar boblogaidd ymhlith yr Iddewon, dadleuai rhai dros ei dyrchafu'n iaith genedlaethol. Credai eraill y dylent fabwysiadu Almaeneg fel eu hiaith gan ei bod yn abl i gwrdd â holl ofynion y byd modern a bod ganddi lenyddiaeth gyfoethog. Ond daliai Ben-Yehudi'n benderfynol na allent fod yn genedl heb eu hiaith urddasol eu hunain ac mai iaith y Beibl ddylai honno fod. Dyna a gariodd y dydd.

Roedd gofyn gwaith aruthrol i gymhwyso'r Hebraeg ar gyfer gofynion y byd modern. Iaith anystwyth oedd hi, heb lafariaid a ddangosai sut oedd ynganu'r geiriau; roedd ei geirfa'n gyfyngedig iawn, a'r geiriau hynny yn adlewyrchu anghenion cymdeithas ddwy fil a hanner o flynyddoedd yn ôl. Gwneud iaith gyfoes ohoni oedd y targed a osododd Ben-Yehudi iddo'i hun. Roedd yn rhaid ystwytho'r iaith, llunio termau ac ymadroddion a geiriau newydd. Dim ond wyth mil o eiriau a geir yn y Beibl; y mae 20,000 yn y geiriadur bach Cymraeg a elwir yn *Geiriadur Mawr;* bydd erthyglau ar 70,000 o eiriau yng Ngeiriadur Prifysgol Cymru. Lluniodd Ben-Yehudi gannoedd o eiriau newydd, megis am swyddog, palmant, milwr, ymbarél, llwyd, cydymdeimlad, celfyddyd ac ati. Cynhwysodd y rhain yn ei eiriadur enfawr, y cyhoeddwyd pump o'i dwy gyfrol ar bymtheg cyn ei farw ym 1922. Ym 1949 sefydlwyd Academi'r Iaith Hebraeg, a gweithiodd ei hysgolheigion yn ddyfal i wneud yr Hebraeg yn abl i gwrdd â holl ofynion y byd a'r meddwl modern.

Nid dyna ddiwedd cymwynasau Ben-Yehudi. Sefydlodd bapur newydd Hebraeg a fu'n gyfrwng gwerthfawr i ddatblygu Hebraeg llafar a gwneud geiriau am bethau cyffredin yn hysbys i ddysgwyr yr iaith. Bu ef ei hun hefyd yn athro yn ysgol Hebraeg gyntaf y wlad yn Jerusalem. Gwneud yr Hebraeg yn gyfrwng addysg ysgol oedd y cam mwyaf tyngedfennol. Gwnaed hynny pan oedd Saesneg yn gyfrwng addysg ysgolion Cymru. Sefydlwyd ysgol i'r plant lleiaf ym 1888 i roi addysg Hebraeg i fab Ben-Yehudi ac ychydig ffrindiau. O ran maint, ysbryd ac amcan roedd yn debyg i'r ysgol Gymraeg fach a sefydlwyd dros hanner canrif yn ddiweddarach gan Ifan ab Owen Edwards yn Lluest, Aberystwyth gyda Norah Isaac yn brifathrawes ddisglair arni. Y mae llinell union rhwng yr ysgol fach Hebraeg honno a phedair prifysgol wych y wlad sy'n defnyddio Hebraeg i ddysgu pob pwnc. Meddylier am y llu testunlyfrau Hebraeg sy'n ofynnol i wneud hynny. Bu'n rhaid aros hyd 1906 cyn cael ysgol uwchradd Hebraeg am fod creu ysgolion cynradd Hebraeg i'w bwydo yn cymryd amser. Gellid rhifo'r oedolion a siaradai Hebraeg y pryd hwnnw, bedwar ugain o flynyddoedd yn ôl, wrth y cannoedd. Breuddwyd ychydig o weledyddion, a dim mwy, oedd y syniad o genedl Hebraeg ei hiaith. Ond, meddai Theodor Herzl, un ohonynt: "Os yw'r ewyllys gennych, ni raid iddo aros yn freuddwyd." Mater o ewyllys oedd adfer yr Hebraeg, bob cam o'r ffordd i'w llwyddiant syfrdanol;

183

mater o ewyllys yr arweinwyr, y llywodraeth, yr athrawon ac wrth gwrs y llu dysgwyr eu hunain.

Gorchfygodd Prydain Balesteina yn niwedd y Rhyfel Byd Cyntaf ac fe'i llywodraethodd am ddeng mlynedd ar hugain. Penderfyniad Prydain oedd ei gwneud yn gartref cenedlaethol i'r Iddewon, a bu gan Lloyd George ran bwysig yn hynny o beth. Roedd y boblogaeth Iddewig wedi graddol gynyddu, ond ar ôl yr Ail Ryfel Byd, wedi profiad erchyll yr holocost, y llifodd y miliynau i'r wlad. Dyna fu'r her aruthrol. Deuent wrth y canmil o amrywiaeth mawr o gefndiroedd, o wledydd Ewrop ac America, Asia ac Affrica, yn siarad babel o ieithoedd. Yn ogystal â rhoi i'r llifeiriant enfawr hwn o bobl, bob yn un ac yn un, iaith a oedd newydd gael ei hadfer, a'u moldio'n genedl, yr oedd yn rhaid adeiladu gwladwriaeth o'r newydd, canys ym 1948 y rhoddwyd i Israel ei hannibyniaeth. Dyna orchest syfrdanol yr Iddewon. Yn y flwyddyn y ganed fy nhad yn nechrau wyth degau'r ganrif ddiwethaf nid oedd un plentyn yn Israel, nac yn y byd oll o ran hynny, a allai siarad Hebraeg. Heddiw y mae'n agos i dair miliwn a hanner o Iddewon yn Israel yn ei siarad. Hebraeg yw iaith eu holl weithgareddau. Hi yw iaith y llywodraeth, y biwrocratiaid a'r pleidiau gwleidyddol, y gyfraith a'r llysoedd, y lluoedd arfog a'r ysbytai, ac iaith pob ysgol, coleg a phrifysgol. Ym maes llyfrau cyhoeddir tua deuddeng mil o deitlau Hebraeg bob blwyddyn.

Rhoi'r Hebraeg i blant y mewnfudwyr Iddewig oedd rhan rwyddaf y gwaith. Sicrhai'r ysgolion fod y plant yn rhugl eu Hebraeg yn bymtheg oed. Hi yw iaith gyntaf mwyafrif mawr y plant erbyn hyn. Y mae hwn ymhlith y cymhellion cryfaf i'r rhieni ddysgu'r iaith. Comedïwr Israelaidd a ddywedodd fod Israel yn wlad lle y mae'r fam yn dysgu'r famiaith gan ei phlant.

Yr oedolion oedd y broblem fawr, ac oedolion oedd mwyafrif helaeth y mewnfudwyr. Y mae dysgu ail iaith, a bod yn rhugl ynddi, yn gofyn cymhelliad cryf. Y cryfaf o'r cymhellion i ddysgu Hebraeg oedd awydd mwyafrif y mewnfudwyr i ddod yn aelodau cyflawn o'r gymdeithas Iddewig a helpu i'w hadeiladu'n genedl. Gan fod yr awdurdodau oll, a phawb a ffurfiai farn, yn gwbl benderfynol o greu cenedl Hebraeg ei hiaith nid oedd modd i'r di-Hebraeg fyw bywyd llawn. Symudai'r mewnfudwyr i wlad lle'r oedd yr Hebraeg yn unig gyfrwng addysg yr ysgolion a'r colegau ac yn unig iaith y weinyddiaeth. Yr oedd Hebraeg mor angenrheidiol i'r Iddew fyw yn Israel ag yw'r Swedeg i fyw yn Sweden neu'r Ffrangeg yn Ffrainc. At hyn roedd balchder cenedlaethol yn gymhelliad cryf iawn i'w meistroli hi. Hebraeg oedd iaith yr Iddewon, yn iaith eu Beibl a'u crefydd trwy'r oesau, eu hiaith genedlaethol. Hi a wnâi Iddewon Israel yn genedl. Yr oedd ei dysgu'n llafur llawen.

Am dri degawd cyn sefydlu gwladwriaeth Israel ym 1948, pan oedd y Prydeinwyr yn rheoli'r wlad, Saesneg oedd iaith llywodraeth a gweinyddiaeth; 'doedd gan yr Hebraeg ddim lle ynddyn nhw. Gan nad oedd gan yr Iddewon na chyllideb na galluoedd llywodraethol, roedd yn rhaid creu peirianwaith llywodraeth o'r newydd o 1948 ymlaen. Pan oeddent wrthi'n gwneud hyn symudodd bron i filiwn o fewnfudwyr i'r wlad o fewn tair blynedd, a daeth miliwn a mwy wedyn yn y blynyddoedd canlynol, pobl na wyddent ddim am fywyd ac iaith Israel—dieithriaid llwyr iddi. Hebreigio a chymathu'r rhain yn y genedl fechan newydd oedd yr her. Yr oedd gan y gweithredwyr ddwy fantais enfawr sef ewyllys y mewnfudwyr ac ewyllys y llywodraeth. Ewyllysiai'r mewnfudwyr ddod yn Israeliaid llawn ac yr oedd y llywodraeth newydd yn llwyr gefnogol iddynt; nid oedd dim yn ormod ganddi ei wneud; dim cost yn rhy uchel i'w thalu. Pe bai'r un ewyllys ym mhobl Cymru ac yn ein llywodraeth gallem ninnau hefyd adfer lle'r Gymraeg yn ein bywyd cenedlaethol.

Y prif gynllun a ddyfeisiwyd i ddysgu'r iaith i oedolion oedd yr wlpan, ysgol i ddysgu Hebraeg, dinasyddiaeth

Israelaidd a pheth hanes ar yr un pryd. Parhâi'r cwrs am bump neu chwe mis. Roedd yn gwbl wirfoddol. Y peth tebycaf i'r wlpan a fu yng Nghymru yw ysgolion Griffith Jones. Aeth tri chwarter poblogaeth y wlad trwyddynt i ddysgu darllen Cymraeg godidog y Beibl a chael eu trwytho yn y gwerthoedd Cristnogol. Roedd yn rhaid wrth lu o athrawon brwd a medrus i ddysgu yn yr ysgolion wlpan ac roedd angen hyfforddiant arnynt, a chyrsiau wedi eu graddoli'n ofalus yn ogystal â llyfrau deniadol, casetiau, fideos, labordai iaith ac ati. Cyfrannai'r Asiantiaeth Iddewig yn hael at y gost ond y llywodraeth a ysgwyddodd ben trymaf y baich.

'Doedd dim gorfodaeth ar neb i fynychu'r ysgolion wlpan. Ewyllys y bobl a'u gyrrai iddynt. Pobl mewn oed oedd y disgyblion, llu ohonynt yn gweithio wrth eu gwaith beunyddiol, llawer yn bobl broffesiynol. Iaith lafar bob dydd a ddysgid, iaith y stryd a'r gwaith, iaith teledu a'r papur newydd. Mae'r cyrsiau'n ffrwyth gwaith hir a manwl. Ond dengys nifer y llyfrau a werthir yn Israel fod cannoedd o filoedd o'i phobl yn mwynhau ei llenyddiaeth. Wrth gwrs datblygodd yr iaith Hebraeg yn gyflym yn ystod y ddwy genhedlaeth ddiwethaf; derbyniwyd 15-20,000 o eiriau newydd iddi.

Ceir sawl math o wlpan. Ceir cyrsiau byr i filwyr yn y lluoedd arfog a rhai hwy i feddygon mewn ysbytai gael gwella eu hiaith, canys cymharol ychydig o ddinasyddion Israel sy'n siarad Hebraeg perffaith. Bydd wlpanau'r cibwtsim yn rhai llawn hyd. Ceir canolfannau trwy'r wlad i bobl ifainc yn eu harddegau. Cynhelir cyrsiau ynddynt gan wirfoddolwyr di-dâl. Y mae cynghorau lleol yn trefnu wlpanit, gyda chefnogaeth y Weinyddiaeth Addysg wrth gwrs, tebyg i'r rhai a geir yng Nghymru o dan arweiniad Chris Rees. Pery cwrs yr wlpanit hyn am o leiaf blwyddyn a cheir ynddynt rhwng pedair a deg awr yr wythnos o wersi, yn y bore i wragedd a'r hwyr i bobl sy'n gweithio oriau sefydlog. Anogir y disgyblion i dreulio gwyliau ar gyrsiau lle byddant yn sŵn yr iaith trwy'r dydd. Cyhoeddir papur dyddiol poblogaidd a chylchgrawn wythnosol i ddysgwyr.

Eithr y mae'r wlpan mwyaf cyffredin yn ysgol breswyl, rhai ohonynt â hosteli i deuluoedd sydd newydd ddod i fyw i Israel. Caiff plant eu gwarchod tra bo'r rhieni'n dilyn eu gwersi mewn dosbarthiadau o tuag ugain aelod. Seilir y cwrs (pum mis fel arfer) ar bum awr o wersi y dydd, chwe diwrnod yr wythnos. Fel y byddai Griffith Jones yn gofalu am gynhaliaeth y tlodion a fynychai ei ysgolion felly y mae llywodraeth Israel yn cynnal y teuluoedd yn ystod y cyrsiau hyn. Yr hyn a nodwedda'r llywodraeth yw ei phenderfyniad i glywed yr Hebraeg ar wefusau pob Iddew yn Israel beth bynnag fo'r gost. Ni chlywir hi'n ymffrostio ei bod yn rhoi miliwn neu ddwy i helpu'r iaith; mae'n falch o dalu cannoedd o filiynau heb wneud miri ynghylch y peth. Onid lle'r wladwriaeth yw cryfhau bywyd y genedl y mae'n ei gwasanaethu? Onid chwilio am ffyrdd i roi arweiniad yn hynny o beth yw braint llywodraeth? 'Does dim angen rhoi pwysau di-baid ar lywodraeth Israel i sefydlu corff i ddatblygu addysg Hebraeg; datblygu addysg Hebraeg yw calon polisi ei gweinyddiaeth addysg. Nid oes raid crefu am ddeddf iaith i greu amodau cyfiawn i'r Hebraeg a'i siaradwyr; mae cyfiawnder i'r iaith genedlaethol yn egwyddor sylfaenol ei deddfwriaeth. Amddiffyn, cynnal a chryfhau'r bywyd cenedlaethol yw amcan ei bodolaeth, a gŵyr mai'r iaith Hebraeg a wna'r Israeliaid yn genedl, fel y gwyddai llywodraeth Loegr wrth lunio'r Ddeddf Ymgorffori ym 1536, ac wrth orfodi Deddf Addysg 1870 ar ein gwlad, mai'r iaith Gymraeg, y dymunai ei dileu, a wna Gymru'n genedl.

Ôl-nodyn
ar genhedloedd
Y Baltig

Trwy gydol y frwydr dros hunanlywodraeth helaethach, Estonia a arweiniodd genhedloedd bach Y Baltig. Amlygodd Latfia a Lithwania hefyd nerth eu gwrthwynebiad i ganoli mwy o allu ym Moscow o dan y cyfansoddiad newydd, ond Estonia a fu mor rhyfeddol o gadarn â mynnu'r hawl i roi feto ar ddeddfwriaeth Yr Undeb Sofietaidd. Ei beiddgarwch a grisialodd y sefyllfa. Yr oedd safbwynt Estonia, yn naturiol, yn gwbl annerbyniol i'r awdurdodau ym Moscow; gallai arwain at ymddatodiad yr ymerodraeth Rwsiaidd ac fe fu Rwsia mewn perygl o wynebu argyfwng cyfansoddiadol. Condemniwyd Estonia yn chwyrn gan y Praesidiwm a chan *Pravda.* Bu i Gorbachev ei hun geryddu Estonia er bod lle i gredu, gan ei fod yn ŵr o weledigaeth fawr a dynol, nad oedd, yn dawel fach, heb rywfaint o gydymdeimlad â hi; yn ei araith i'r Prif Sofiet hepgorodd y darn a'i condemniai hi. Dygodd gwrthwynebiad y tair gwlad Baltig ffrwyth: lliniarwyd cymalau'r cyfansoddiad a fyddai'n lleihau galluoedd seneddau'r gweriniaethau. Eithr gwaharddwyd yr hawl i unrhyw weriniaeth i roi feto ar ddeddfau Moscow.

Gwrthododd Estonia â derbyn y gwaharddiad. Roedd yn benderfynol o gael galluoedd digonol i aildrefnu ei bywyd fel y gallai reoli a rhwystro mewnlifiad a Rwsianeiddio. "Os bydd mwy a mwy o bobl yn heidio i mewn i'r wlad," meddai, "ni fydd lle inni. Mae'n rhaid atal mewnlifiad."

Gan hynny, ar 6 Rhagfyr 1988, penderfynodd ei senedd ddal at ei hawl i roi feto ar ddeddfwriaeth Moscow; ar 7 Rhagfyr, yn wyneb dicter yr aelodau seneddol Rwsiaidd, penderfynodd wneud Estoneg yn iaith swyddogol y wladwriaeth.

Beth bynnag a ddigwydd yn y dyfodol, ymddengys bod Estonia a dwy weriniaeth arall Y Baltig wedi ennill buddugoliaeth arhosol ac na ddychwelant at gaethiwed enbyd cyfnod Stalin a Brezhnev. Profodd grym moesol eu cenedlaetholdeb yn drech na holl allu Rwsia Fawr, fel y gall cenedlaetholdeb Yr Alban a Chymru brofi'n drech na gallu Lloegr Fawr. Y mae Moscow'n adnabod eliffant wrth y drws pan wêl un, a phrin y bydd hi am sarnu'r ewyllus da a enillodd Gorbachev iddi drwy'r byd trwy ddefnyddio trais fel y gwnaeth hi yn Hwngari yn ystod 'Gwanwyn Prâg' ugain mlynedd yn ôl. Gan hynny y mae Rwsia Fawr yn debyg o fynd ymhell iawn i gwrdd â hawliau cenedlaethol Estonia a'r ddwy wlad arall. Nid oes lle yn y byd sydd ohoni i Undeb Sofietaidd gorganoliaethol. Y mae'r un mor glir yng ngorllewin Ewrop hefyd bod Prydain Fawr, y wladwriaeth fwyaf canoliaethol yn Ewrop, yn grair anachronistaidd o oes arall, a bod y cyfle'n cyflym nesáu i genedl y Cymry gamu allan o'i chaethiwed i blith cenhedloedd rhyddion Ewrop. Pe gallem ddeffro yn yr hen wlad hon gyfran fach o angerdd cenedlaetholdeb Estonia, enillem safle Ewropeaidd cyn diwedd y ganrif hon. Ennill y safle hwnnw yw amod parhad cenedl a gyfaneddai'r diriogaeth hon ddeuddeg cant o flynyddoedd cyn i Brydain Fawr ddod i fodolaeth.

I ymddangos yn fuan iawn:

THE INNER CITY
gan Yr Athro Leopold Kohr
Casgliad o erthyglau disglair, difyr, deifiol
am ddechreuad, datblygiad a dirywiad dinasoedd.
Mwynhad pur i'r cenedlaetholwr meddylgar!
(Saesneg)

Pris £4.95

*Am restr gyflawn o'n llyfrau gwleidyddol a chyffredinol,
hawliwch eich copi rhad o'n Catalog newydd, 64 tudalen:
anfonir gyda throad y post.*